Prato do dia: dieta da felicidade

Receitas fáceis de Tiça Magalhães

PAZ & TERRA

Editora Paz e Terra Ltda
Rua do Triunfo, 177 — Sta. Ifigênia — São Paulo
Tel: (011) 3337-8399 — Fax: (011) 3223-6290
http://www.pazeterra.com.br

Imagens originais de Stock.XCHNG

Texto revisto pelo novo Acordo Ortográfico da Língua Portuguesa.

Dados Internacionais de Catalogação na Publicação (CIP)
(Câmara Brasileira do Livro, SP, Brasil)

Magalhães, Tiça
    Prato do dia : dieta da felicidade : receitas fáceis de Tiça Magalhães. — São Paulo : Paz e Terra, 2011.

    ISBN 978-85-7753-185-1

    1. Culinária (Receitas) I. Título.

11-08242   CDD-641.5
    Índices para catálogo sistemático:
1. Receitas : Culinária : Economia doméstica
641.5

[Sumário]

Agradecimentos { 13 }

Apresentação { 15 }

Cardápios { 17 }

Sugestão de cardápio de 800 calorias — 20

Sugestão de cardápio de 1.200 calorias — 26

Sugestão de cardápio de 1.600 calorias — 32

Receitas { 39 }

Pratos principais { 42 }

Arroz de polvo com brócolis — 44

Bacalhau à portuguesa acompanhado de batata cozida e brócolis — 45

Camarão com chuchu — 46

Peixe ao molho de alho-poró, uva verde e champignon acompanhado de purê de abóbora e batata baroa — 47

Peixe ao molho de alho-poró, uva verde e champignon acompanhado de purê de abóbora e repolho roxo — 49

Peixe ao molho de maracujá acompanhado de legumes no vapor e palmito — 50

Peixe assado no envelope acompanhado de arroz, pêssego e nirá — 51

Bobó de frango — 54

Frango caprese acompanhado de arroz com brócolis — 55

Berinjela recheada com carne acompanhada de arroz com lentilha — 58

Bobó de carne-seca acompanhado de abóbora madura cozida e couve à mineira — 60

Escalopinho de carne ao molho de damasco acompanhado de batata gratinada e brócolis com aspargos — 61

Escalopinho de carne ao molho de mostarda de Dijon acompanhado de batata rösti e couve--flor cozida — 63

Rosbife com molho de hortelã, beterraba e cenoura — 65

Crepe de bacalhau — 68

Lasanha de berinjela — 69

Quiche com recheio de abobrinha, champignon, alho-poró ou palmito — 71

Yakisoba de frango — 73

Acompanhamentos { 74 }

Carpaccio de berinjela e abobrinha — 76

Salada Caesar — 77

Salada caprese com rúcula — 78

Salada de agrião e pimentão — 79

Salada de alface e vagem francesa — 80

Salada de brócolis e couve-flor — 81

Salada de carne-seca com abóbora — 82

Salada de morango — 83

Salada delícia — 84

Salada japonesa — 85

Salada verde com cenoura, alho-poró, passas brancas e milho — 86

Salada verde com manga, palmito e rabanete — 87

Salada verde com tomate, pepino, cebola e ervas — 88

Molho Bali — 90
Molho de damasco com mostarda de Dijon — 91
Molho de damasco e cenoura — 92
Molho de iogurte com cardamomo — 93
Molho de limão — 94
Molho de manga e gengibre — 95

Sopas { 96 }

Caldo verde — 97
Sopa de abóbora — 98
Sopa de alho-poró — 99
Sopa de cebola — 100
Sopa de cenoura, alho-poró e champignon — 101
Sopa de couve-flor — 102
Sopa de legumes — 103

Sobremesas { 104 }

Abacaxi com coulis de morango — 105
Banana com iogurte — 106
Gelado de iogurte com damasco — 107

Gelado de iogurte com morango — 108

Gelado de iogurte com pêssego — 109

Manjar de coco — 110

Musse de chocolate — 111

Musse de damasco — 112

Musse de goiabada — 113

Musse de maracujá — 114

Musse de pêssego — 115

Pavê bicolor — 116

Pavê de morango — 118

Pavê de pêssego — 120

Pera com calda de chocolate — 121

Sorbet de mamão — 122

Torta de ricota com damasco — 123

Sucos { 124 }

Desjejum completo — 125

Espumone Havaí — 126

Shake rejuvenescedor — 127

Suchá de maracujá, camomila e erva-cidreira — 128

Suco anticelulite — 129

Suco anti-hipertensivo — 130

Suco antioxidante — 131

Suco de abacaxi e kiwi com hortelã — 132

Suco de mamão e água de coco — 133

Suco de manga com limão — 134

Suco de melancia — 135

Suco vitalizante — 136

Cardápio light e sobremesas diet e light { 137 }

Primeiro almoço ou jantar light — 139

Segundo almoço ou jantar light — 142

Terceiro almoço ou jantar light — 145

Dicas { 149 }

Preparo de arroz integral e lentilha — 151

Um bom caldo para uma boa comida — 152

O que é selar? — 154

Dessalgar bacalhau ou carne-seca — 155

Tenha sempre um copo medidor e uma balança digital — 156

Como é meu molho de soja — 157

Croutons — 158

Agradecimentos

Agradeço e dedico este livro a algumas pessoas:

A Deus, meu Divino Criador, que me deu o dom de escrever receitas. Eu adoro uma panela, um fogão... Eu adoro dar aulas. E compartilhar o que eu sei.

Ao meu filho, Matheus, que me salvou e me ensinou, incansavelmente, os truques e as mágicas do computador. Hoje os jovens já nascem com dois chips!

A Marcus Gasparian, que sempre editou e acreditou nos meus livros com tanto carinho. E é um grande amigo desde a adolescência. Marcus me recebeu e apresentou o Havaí, onde morei por alguns anos e de onde parti para o mundo afora.

À família Gasparian e à equipe da editora Paz e Terra.

A todos meus amigos, que fazem a minha vida plena e rica de amor.

A Alessandra Pinheiro, amiga e nutricionista que me ajudou por dois meses, testando e calculando todas as receitas.

A Anna Sharp, que amo muito e com quem, por meio de seus cursos, renovo minhas energias, com felicidade e vontade cada vez maior de vencer na vida, em todos os sentidos.

A minha mãe, irmão e a toda a minha família, que tanto amo.

A dona Divina, minha mãe preta. Quando eu era criança, sempre ia à sua cozinha. Foi ela quem me ensinou a gostar e me fez aprender a cozinhar.

OBRIGADA A TODOS. BEIJOS NO CORAÇÃO DE VOCÊS,

TIÇA

Apresentação

Escrevi este livro, *Prato do dia: dieta da felicidade*, para quem quer ter uma vida longa, cheia de saúde. Não é só para emagrecer, mas para comer bem, saudavelmente.

Comecei a cozinhar ainda menina e aos vinte anos saí pelo mundo afora, foram mais de quarenta países em busca de novidades gastronômicas. Ou seja, são anos de experiência, um aprendizado longo que me permitiu adaptar as receitas mais comuns, tornando-as mais leves ou com menos gordura. Por exemplo, se a gente desfiar bem a carne-seca, ela é a carne mais light que existe, porque, desfiando, eliminamos toda a gordura (aqueles fiozinhos brancos).

Meu amor pela cozinha vem de dentro da alma.

Algum tempo atrás fiz uma parceria com um restaurante e os pratos light entraram na moda no Rio de Janeiro, foi uma febre que hoje já está espalhada por toda a cidade!

As dicas de refeições light são para você comer bem. Elas não engordam e ajudam a cuidar da saúde, para você levar uma vida boa.

Todas estas receitas foram feitas, testadas e seguiram a orientação de uma ótima nutricionista.

Como eu disse, é uma dieta para ser Feliz. Se amem muito e fiquem lindossss!!!

Cardápios

800 calorias ❧ 1.200 calorias ❧ 1.600 calorias

Os cardápios

Organizei cardápios de 800, 1.200 e 1.600 calorias, além de dicas para almoços e jantares light, e sobremesas light e diet.

O cardápio de 800 calorias é para quem está muito acima do peso e deseja perder de cinco a sete quilos num mês, ou mais. Tudo depende do seu organismo e também de praticar uma atividade física, além da dieta.

Com o cardápio de 1.200 calorias, emagrece-se comendo bastante, sem sentir nenhuma fome, e ainda pode-se deliciar com as receitas.

Já o cardápio de 1.600 calorias é para quem pode comer mais ou só precisa perder uns poucos quilos. Ele oferece uma refeição farta, que satisfaz mulheres e homens que comem bem. Quando, nos spas em que dou consultoria alimentar, sirvo os pratos do cardápio de 1.600 calorias, ninguém acredita que está fazendo dieta.

Não há limite de tempo para dieta. Ao atingir o peso ideal, você pode emagrecer mais uns dois quilos, pois há sempre o risco de engordar um pouco quando se interrompe a dieta. Depois pode passar para outro regime, mais calórico.

Uma sugestão interessante é optar por uma ou outra das opções de refeições light que aparecem no fim do livro para dar um sabor diferente aos cardápios e quebrar a monotonia.

E, lembre-se, ter prazer é fundamental para o sucesso de qualquer dieta. Com esses cardápios, eu garanto, vocês vão ter muuuuuuito prazer!

Sugestão de cardápios

❧

Cardápio de 800 calorias

Domingo

Desjejum
Suco vitalizante
½ disco pequeno de pão sírio
15g de ricota temperada com ervas

Colação
100g de abacaxi (2 fatias médias)

Almoço
Salada delícia
Molho de manga e gengibre
Arroz de polvo com brócolis

Sobremesa
Gelado de iogurte com pêssego

Lanche
150ml de leite desnatado
50ml de café com adoçante
1 torrada integral
1 unidade de queijo processado light

Jantar
Sopa de cenoura, alho-poró e
   champignon

Sobremesa
Sorbet de mamão

Ceia
100g de iogurte de frutas light

Segunda-feira

Desjejum
100ml de leite desnatado
50ml de café com adoçante
60g de mamão papaia (½ unidade)
1 fatia de pão integral light
20g de queijo cottage

Colação
70g de melão (uma fatia fina)

Almoço
Salada verde com manga, palmito e
   rabanete
Molho de soja
Camarão com chuchu

Sobremesa
Gelado de iogurte com morango

Lanche
Suchá de maracujá, camomila e
   erva-cidreira
1 unidade de queijo processado
   light

Jantar
Sopa de cebola

Sobremesa
Pavê bicolor

Ceia
1 taça de gelatina diet

35g de kiwi (½ unidade) ou 30g de maçã (¼ unidade)

Terça-feira

Desjejum
100g de iogurte de frutas light
100g de melancia (uma fatia média)
20g de granola

Colação
70g de kiwi (1 unidade)
3 amêndoas

Almoço
Salada caprese com rúcula
Molho de soja
Yakisoba de frango

Sobremesa
Torta de ricota com damasco

Lanche
Suco de manga com limão
1 fatia de pão integral light
15g de requeijão light

Jantar
Sopa de alho-poró

Sobremesa
Abacaxi com coulis de morango

Ceia
100ml de iogurte de frutas light

Quarta-feira

Desjejum
100ml de leite desnatado
120g de morangos (8 unidades)
1 fatia de pão integral light
15g de ricota temperada com ervas

Colação
90g de ameixas vermelhas médias (2 unidades)

Almoço
Salada de alface e vagem francesa
Molho Bali
Rosbife com molho de hortelã, beterraba e cenoura

Sobremesa
Gelado de iogurte com pêssego

Lanche
Suco de abacaxi e kiwi com hortelã
2 castanhas-do-pará

Jantar
Salada de agrião e pimentão
Molho Bali
Sopa de couve-flor com croutons

Sobremesa
Manjar de coco

Ceia
200ml de suco de melancia
15g de queijo branco

Quinta-feira

Desjejum
100ml de leite desnatado
50ml de café com adoçante
1 fatia de pão integral light
15g de requeijão light

Colação
100g de manga (1 unidade média)

Almoço
Salada de alface e vagem francesa
Molho Bali
Lasanha de berinjela

Sobremesa
Musse de chocolate

Lanche
100ml de leite desnatado
50ml de café com adoçante
1 fatia de pão integral light
15g de queijo branco

Jantar
Sopa de abóbora com croutons

Sobremesa
Gelado de iogurte com damasco

Ceia
Espumone Havaí

Sexta-feira

Desjejum
100ml de leite desnatado
50ml de café com adoçante
1 fatia de pão integral light
15g de requeijão light

Colação
3 damascos

Almoço
½ salada Caesar
Molho de limão
Bobó de frango

Sobremesa
Musse de maracujá

Lanche
100ml de iogurte de frutas light
1 torrada integral
10g de geleia de frutas light

Jantar
Sopa de legumes

Sobremesa

Pavê de morango

Ceia

150ml de leite desnatado
10g de achocolatado em pó diet

Sábado

Desjejum

200ml de leite desnatado
10g de achocolatado em pó diet
1 pão francês sem miolo
20g de queijo cottage

Colação

60g de mamão papaia (½ unidade)

Almoço

½ salada de morango
Molho Bali
Crepe de bacalhau

Sobremesa

Pera com calda de chocolate

Lanche

Suco anti-hipertensivo
1 fatia de pão integral light
1 unidade de queijo processado
   light

Jantar

Caldo verde

Sobremesa

1 taça de gelatina de frutas diet

Ceia

150g de melão (1 fatia grande)

Sugestão de cardápios

⚜

Cardápio de 1.200 calorias

Domingo

Desjejum
Suco vitalizante
½ disco pequeno de pão sírio
15g de ricota temperada com ervas

Colação
100g de abacaxi (2 fatias médias)

Almoço
Salada caprese com rúcula
Molho de soja
Peixe ao molho de maracujá acompanhado de legumes no vapor e palmito

Sobremesa
Gelado de iogurte com pêssego

Lanche
100g de iogurte de frutas light
4 amêndoas

2 torradas integrais
1 unidade de queijo processado light

Jantar
Salada delícia
Molho de manga e gengibre
½ porção de berinjela recheada

Sobremesa
150g de goiaba (1 unidade grande ou 1 média e 1 pequena)

Ceia
200ml de leite desnatado
10g de achocolatado em pó diet

Segunda-feira

Desjejum
150ml de leite desnatado
50ml de café com adoçante

60g de mamão papaia (½ unidade)
1 fatia de pão integral light
20g de queijo cottage

Colação
70g de melão (1 fatia fina)
3 amêndoas

Almoço
Salada verde com tomate, pepino, cebola e ervas
Molho de iogurte com cardamomo
Frango caprese

Sobremesa
Gelado de iogurte com morango

Lanche
Suco antioxidante
1 unidade de queijo processado light

Jantar
Salada verde com manga, palmito e
    rabanete
Molho de manga e gengibre
Camarão com chuchu

Sobremesa
Pavê bicolor

Ceia
1 taça de gelatina diet
35g de kiwi (½ unidade)

Terça-feira

Desjejum
100g de iogurte de frutas light
200g de melancia (2 fatias médias)
20g de granola

Colação
70g de kiwi (1 unidade)

3 amêndoas
2 castanhas-do-pará

Almoço
Salada caprese com rúcula
Molho de soja
Bobó de carne-seca acompanha-
    do de abóbora cozida e couve à
    mineira

Sobremesa
Torta de ricota com damasco

Lanche
Shake rejuvenescedor
1 fatia de pão integral light
15g de requeijão light

Jantar
Salada japonesa
Molho de iogurte com cardamomo
Yakisoba de frango

Sobremesa
Abacaxi com coulis de morango

Ceia
100ml de iogurte de frutas light

Quarta-feira

Desjejum
200ml de leite desnatado
10g de achocolatado em pó diet
120g de morangos (8 unidades)
1 fatia de pão integral light
15g de ricota temperada com ervas

Colação
90g de ameixas vermelhas (2 uni-
    dades médias)
2 castanhas-do-pará

Almoço
Salada de brócolis e couve-flor

Molho de soja
Peixe ao molho de alho-poró, uva verde e champignon acompanha-do de purê de abóbora e repolho roxo

Sobremesa
Gelado de iogurte com pêssego

Lanche
Suco anticelulite

Jantar
Salada de agrião e pimentão
Molho Bali
Sopa de abóbora com croutons
Quiche com recheio de abobrinha, champignon, alho-poró ou palmito

Sobremesa
Manjar de coco

Ceia
200ml de suco de melancia

Quinta-feira

Desjejum
100ml de leite desnatado
50ml de café com adoçante
1 fatia de pão integral light
15g de queijo branco

Colação
100g de manga (1 unidade média)

Almoço
Salada de alface e vagem francesa
Molho Bali
Bacalhau à portuguesa acompanha-do de batata cozida e brócolis

Sobremesa
Musse de chocolate

Lanche
100ml de leite desnatado
50ml de café com adoçante
1 fatia de pão integral light
15g de queijo branco

Jantar
½ porção de salada de carne-seca com abóbora
Molho de soja
Lasanha de berinjela

Sobremesa
Gelado de iogurte com damasco

Ceia
1 copo de água de coco
1 unidade de queijo processado light

Sexta-feira

Desjejum
100ml de leite desnatado
55g de banana-prata (1 unidade grande)
1 fatia de pão integral light
15g de requeijão light

Colação
150g de damascos (3 unidades)
2 castanhas-do-pará

Almoço
½ salada Caesar
Molho de limão
Escalopinho de carne com mostarda de Dijon, batata rösti e couve-flor cozida

Sobremesa
Musse de maracujá

Lanche
100ml de leite desnatado
50ml de café com adoçante
2 torradas integrais
10g de geleia de frutas light

Jantar
Sopa de couve-flor com croutons
Peixe assado no envelope acompanhado de arroz, pêssego e nirá

Sobremesa
Pavê de morango

Ceia
200ml de leite desnatado
10g de achocolatado em pó diet

Sábado

Desjejum
200ml de leite desnatado
10g de achocolatado em pó diet
1 pão francês sem miolo
20g de queijo cottage

Colação
60g de mamão papaia (½ unidade)

Almoço
½ salada de morango
Molho Bali
Escalopinho de carne ao molho de damasco, acompanhado de batata gratinada e brócolis com aspargos

Sobremesa
Pera com calda de chocolate

Lanche
Suco anti-hipertensivo
1 fatia de pão integral light
1 unidade de queijo processado light

Jantar
Salada verde com cenoura, alho-
   -poró, passas brancas e milho
Molho Bali
Peixe assado no envelope acompa-
   nhado de arroz, pêssego e nirá

Sobremesa
1 taça de gelatina de frutas diet

Ceia
150g de melão (1 fatia grande)

Sugestão de cardápios

Cardápio de 1.600 calorias

Domingo

Desjejum
Suco vitalizante
50g de goiaba (1 unidade pequena)
1 disco pequeno de pão sírio
30g de ricota temperada com ervas

Colação
100g de abacaxi (2 fatias médias)
4 amêndoas

Almoço
Carpaccio de berinjela e abobrinha
Bobó de frango

Sobremesa
200g de tangerina (2 unidades pequenas)

Lanche
180g de iogurte desnatado
20g de cereais matinais leves

2 torradas integrais
1 unidade de queijo processado light

Jantar
Salada delícia
Molho de manga e gengibre
Arroz de polvo com brócolis

Sobremesa
Musse de goiabada

Ceia
200ml de leite desnatado
9g de achocolatado em pó diet

Segunda-feira

Desjejum
150ml de leite desnatado
50ml de café com adoçante
60g de mamão papaia (½ unidade)

2 fatias de pão integral light
20g de queijo cottage

Colação
70g de melão (1 fatia fina)
3 amêndoas
2 castanhas-do-pará

Almoço
Salada verde com tomate, pepino, cebola e ervas
Molho de iogurte com cardamomo
Frango caprese

Sobremesa
Banana com iogurte

Lanche
Desjejum completo
2 torradas integrais
1 unidade de queijo processado light

Jantar

Salada verde com manga, palmito e
    rabanete
Molho de manga e gengibre
Camarão com chuchu

Sobremesa

Pavê bicolor

Ceia

200ml de leite desnatado
9g de achocolatado em pó diet
90g de maçã (1 unidade média)

Terça-feira

Desjejum

100g de iogurte de frutas light
200g de melancia
1 pão francês sem miolo
30g de queijo branco

Colação

70g de kiwi (1 unidade)

Almoço

Salada caprese com rúcula
Molho de soja
Bobó de carne-seca

Sobremesa

Torta de ricota com damasco

Lanche

Shake rejuvenescedor
1 fatia de pão integral light
15g de requeijão light

Jantar

Salada japonesa
Molho de iogurte com cardamomo
Yakisoba de frango

Sobremesa

Abacaxi com coulis de morango

Ceia

1 potinho de iogurte desnatado
55g de banana-prata (1 unidade
    grande)
10g de farelo de aveia

Quarta-feira

Desjejum

200ml de leite desnatado
9g de achocolatado em pó diet
120g de morango (8 unidades)
2 fatias de pão integral light
30g de ricota temperada com ervas

Colação

2 ameixas vermelhas médias

Almoço

Salada de brócolis e couve-flor
Molho de damasco com mostarda
    de Dijon

Peixe ao molho de alho-poró, uva
   verde e champignon e batata baroa

Sobremesa
Musse de pêssego

Lanche
Suco anticelulite
10g de castanhas-de-caju
2 torradas integrais

Jantar
Salada de agrião e pimentão
Molho de limão
Rosbife com molho de hortelã,
   beterraba e cenoura

Sobremesa
Manjar de coco

Ceia
180g de iogurte de frutas light
20g de granola

Quinta-feira

Desjejum
200ml de leite desnatado
9g de achocolatado em pó diet
½ disco pequeno de pão sírio
1 unidade de queijo processado
   light

Colação
100g de manga (1 unidade média)

Almoço
Salada de alface e vagem francesa
Molho Bali
Bacalhau à portuguesa acompanha-
   do de batata cozida e brócolis

Sobremesa
Musse de chocolate

Lanche
Suco de mamão e água de coco
1 pão francês sem miolo
30g de queijo branco

Jantar
½ porção de salada de carne-seca
   com abóbora
Molho de soja
Lasanha de berinjela

Sobremesa
Musse de damasco

Ceia
200ml de leite desnatado
50ml de café com adoçante
2 torradas integrais
20g de queijo cottage

Sexta-feira

Desjejum
180g de iogurte desnatado
55g de banana-prata (1 unidade grande)
20g de granola
2 fatias de pão integral light
30g de blanquet de peru
15g de requeijão light

Colação
3 damascos
2 castanhas-do-pará

Almoço
Salada Caesar
Molho de limão
Escalopinho de carne com mostarda de Dijon, batata rösti e couve--flor cozida

Sobremesa
Musse de maracujá

Lanche
100ml de leite desnatado
50ml de café com adoçante
3 torradas integrais
10g de geleia de frutas light

Jantar
Salada verde com cenoura, alho--poró, passas brancas e milho
Molho Bali
Peixe assado no envelope acompanhado de arroz, pêssego e nirá

Sobremesa
Pavê de morango

Ceia
1 garrafinha de leite fermentado
1 barra de cereais

Sábado

Desjejum
200ml de leite desnatado
9g de achocolatado em pó diet
150g de melão (1 fatia grande)
1 pão francês sem miolo

Colação
60g de mamão papaia (½ unidade)
2 nozes

Almoço
Salada de morango
Molho Bali
Escalopinho de carne com molho de damasco, batata gratinada, brócolis e aspargos

Sobremesa
Pera com calda de chocolate

Lanche

Suco anti-hipertensivo
1 fatia de pão integral light
1 unidade de queijo processado
 light

Jantar

Salada de agrião e pimentão
Molho de limão ou molho de damasco e cenoura
Peixe ao molho de maracujá acompanhado de legumes no vapor e
 palmito

Sobremesa

Pavê de pêssego

Ceia

1 iogurte de frutas light
126g de uva rubi (pouco menos de
 20 unidades)

Receitas

Pratos principais ❧ Saladas ❧ Molhos
Sopas ❧ Sobremesas ❧ Sucos

As receitas

Agora vem a melhor parte do livro: a receita dos pratos!!! Só de ler, você vai ficar com água na boca.

Aqui tem de tudo, com variedade e sem preconceito: carne, aves, peixes e frutos do mar, massas, saladas, sopas, sobremesas (sim, sobremesas também, por que não?!), sucos e o principal, sempre muuuuuuuuuito sabor. São todos pratos leves, saudáveis, fáceis de preparar e... deliciosos.

Uma dica geral, que serve tanto para o preparo como para a hora de comer: evite sempre o excesso de queijo, creme, azeite e molho de soja e use mais caldos (legumes e carnes), porque o prato se torna mais leve, menos calórico e permite que a gente possa comer um pouquinho mais.

No começo, quando se inicia uma dieta, é preciso seguir as quantidades com rigor. A tabela nutricional também deve ser respeitada. Por exemplo, as calorias indicadas na receita de saladas são sempre sem o molho (a caloria do molho é encontrada na receita dele). O valor total do prato é, então, a soma das calorias da salada e as do molho, por exemplo. Se você quiser substituir o molho de alguma receita, é só fazer as contas (a dieta, além de deixar todo mundo lindo, ajuda a exercitar o cérebro).

Uma outra boa dica é preparar os pratos al dente, pois exige que você mastigue mais e leve mais tempo para comer. Aí o hormônio que faz o nosso cérebro produzir aquela sensação de saciedade entra em ação, e você come menos.

Ingerir líquidos durante as refeições é um assunto controverso, mas o fato é que uma grande quantidade de líquidos dilui as enzimas e os sucos gástricos e, portanto, atrapalha a digestão, fazendo você se sentir meio sonolento e com o "estômago pesado". Enfim, equilíbrio é sempre fundamental.

E então, prontos para o banquete?!

Pratos principais

❦

Peixes e frutos do mar ❧ Aves
Carnes ❧ Massas

ARROZ DE POLVO COM BRÓCOLIS [rendimento: 1 porção]

70g de arroz

6g de alho

1g de açafrão

20g de cebola

86g de polvo cozido

76g de brócolis

72g de tomate

70g de pimentão vermelho

Caldo de peixe

Cozinhe o polvo separadamente, colocando as pernas dele dentro do caldo e deixando por 10 segundos. Repita esse procedimento 10 vezes.

Depois, retire e corte em rodelinhas. Refogue.

Coloque o caldo, o açafrão, o alho, a cebola, o tomate e o pimentão picadinhos e refogue por 2 minutos.

Em seguida, coloque o polvo e mexa por mais 2 minutos.

Cozinhe o arroz e o brócolis e, depois de picar o brócolis, coloque-os na panela do polvo.

Misture tudo com carinho. Prove o sal e sirva.

Dica: Se preferir, você pode substituir por camarão ou frango.

VET TOTAL	Total
Ptn (g)	18,8
Cho (g)	36,0
Lip (g)	2,4
Kcal	243,5
GORDURAS E FIBRAS	
Colesterol (mg)	43,0
Gordura saturada (g)	0,4
Gordura poli-insaturada (g)	0,6
Gordura monoinsaturada (g)	0,2
Fibras (g)	3,5
Sódio (mg)	227,3

BACALHAU À PORTUGUESA ACOMPANHADO DE BATATA COZIDA E BRÓCOLIS [rendimento: 1 porção]

100g de bacalhau cozido e dessalgado em lascas

20g de cebola cortada fininha

20g de alho-poró cortado em lâminas

20g de pimentão vermelho cortado fininho

20g de pimentão amarelo cortado fininho

70g de tomate cortado em tirinhas grossas

5g de alho picado

240ml de caldo de peixe

½ azeitona preta (1g)

Cozinhe todos os legumes no caldo por 6 minutos.
Em seguida, acrescente o bacalhau e mexa por 4 minutos.

Batata cozida [rendimento: 1 porção de 80g]

100g de batata

Corte em lâminas e cozinhe na água. Depois é só juntar ao bacalhau.

Brócolis de acompanhamento [rendimento: 1 porção]

70g de brócolis

Cozinhe-o por 6 minutos.

VET TOTAL	Total
Ptn (g)	29,04
Cho (g)	29,9
Lip (g)	4,71
Kcal	277,44

GORDURAS E FIBRAS	
Colesterol (mg)	112,0
Gordura saturada (g)	0,9
Gordura poli-insaturada (g)	1,4
Gordura monoinsaturada (g)	1,1
Fibras (g)	2,3
Sódio (mg)	1.256,8

CAMARÃO COM CHUCHU [rendimento: 1 porção]

80g de camarão fresco (100g se for
  congelado)

1g de curry

6g de alho

14g de pimentão vermelho

136g de chuchu cru limpo

50g de tomate sem caroço

20g de cebola

50g de arroz cozido

0,5g de coentro

60ml de caldo de peixe

Corte o chuchu ao meio e retire um pouco da polpa. Cozinhe até ficar macio.

Agora refogue os legumes picadinhos com o caldo do cozimento por 2 minutos e coloque os camarões já temperados com sal e curry. Mexa por uns 4 minutos e adicione o coentro.

Prove, misture o arroz já cozido e arrume sobre o chuchu.

VET TOTAL	Total
Ptn (g)	12,22
Cho (g)	32,16
Lip (g)	1,93
Kcal	194,89
GORDURAS E FIBRAS	
Colesterol (mg)	99,2
Gordura saturada (g)	0,1
Gordura poli-insaturada (g)	0,2
Gordura monoinsaturada (g)	0,2
Fibras (g)	5,2
Sódio (mg)	555,3

PEIXE AO MOLHO DE ALHO-PORÓ, UVA VERDE E CHAMPIGNON ACOMPANHADO DE PURÊ DE ABÓBORA E BATATA BAROA [rendimento: 1 porção]

126g de peixe (cherne)

1g de sal

50g de alho-poró

3 colheres de sopa de folhas de hortelã

5 unidades de uva verde sem caroço

½g (½ colher de café) de sal

15ml de suco de limão

200ml de caldo de peixe

25g de champignon cortado em lâminas

Tempere o peixe com sal e cozinhe tudo com o caldo.

Purê de abóbora [rendimento: 2 porções de 100g cada]

260g de abóbora madura crua

Caldo de legumes

Cozinhe a abóbora com o caldo e depois passe na peneira ou no liquidificador.

Batata baroa cozida [rendimento: 1 porção]

35g de batata baroa cozida

Cozinhe a batata em lâminas finas no caldo e depois corte em pedaços.

VET TOTAL	Total
Ptn (g)	28,99
Cho (g)	40,32
Lip (g)	6,14
Kcal	332,5
GORDURAS E FIBRAS	
Colesterol (mg)	49,1
Gordura saturada (g)	1,5
Gordura poli-insaturada (g)	1,5
Gordura monoinsaturada (g)	2,0
Fibras (g)	2,0
Sódio (mg)	125,8

PEIXE AO MOLHO DE ALHO-PORÓ, UVA VERDE E CHAMPIGNON ACOMPANHADO DE PURÊ DE ABÓBORA E REPOLHO ROXO [rendimento: 1 porção]

126g de peixe (cherne)

1g de sal para temperar o peixe

200ml de caldo de peixe

50g de alho-poró

3 colheres de chá de hortelã

5 unidades de uva verde sem caroço

½g (½ colher de café) de sal

15ml de suco de limão

Cozinhe tudo junto no caldo de peixe.

Purê de abóbora [rendimento: 4 porções de 50g cada]

260g de abóbora madura crua

Caldo de legumes

Cozinhe a abóbora picadinha no caldo e depois passe na peneira ou no liquidificador.

Repolho roxo [rendimento: 1 porção]

30g de repolho roxo cru

Caldo de legumes

Cozinhe na água quente por 2 minutos.

VALOR NUTRICIONAL POR PORÇÃO

VET TOTAL	Total
Ptn (g)	28,88
Cho (g)	31,76
Lip (g)	6,11
Kcal	297,55
GORDURAS E FIBRAS	
Colesterol (mg)	49,1
Gordura saturada (g)	1,5
Gordura poli-insaturada (g)	1,5
Gordura monoinsaturada (g)	2,0
Fibras (g)	2,0
Sódio (mg)	125,8

PEIXE AO MOLHO DE MARACUJÁ ACOMPANHADO DE LEGUMES NO VAPOR E PALMITO [rendimento: 1 porção]

126g de peixe (cherne)

1g de sal

240ml de caldo de peixe

2 folhas de sálvia

1g de farinha de trigo

50ml de suco de maracujá

Tempere o peixe com sal e depois misture o caldo, o suco e a sálvia.
Cozinhe o peixe de 8 a 10 minutos.
No final, acrescente a farinha de trigo para engrossar o molho.

Legumes no vapor

50g de abobrinha limpa

50g de cenoura

30g de vagem

40g de brócolis pré-cozido

70g de palmito

Caldo de legumes

Corte os legumes à juliana e cozinhe tudo, menos o palmito, no caldo por 6 minutos até ficar al dente. Prove.
Depois decore o prato com os palmitos em volta.

VALOR NUTRICIONAL POR PORÇÃO

VET TOTAL	Total
Ptn (g)	29,4
Cho (g)	49,39
Lip (g)	5,67
Kcal	248,59
GORDURAS E FIBRAS	
Colesterol (mg)	49,1
Gordura saturada (g)	1,4
Gordura poli-insaturada (g)	1,2
Gordura monoinsaturada (g)	2,0
Fibras (g)	2,1
Sódio (mg)	119,0

PEIXE ASSADO NO ENVELOPE ACOMPANHADO DE ARROZ, PÊSSEGO E NIRÁ [rendimento: 1 porção]

Peixe assado

- 120g de peixe cru
- 80g de abobrinha crua cortada em lâminas
- 20ml de limão siciliano (½ unidade) cortado em lâminas
- 2g de funcho cortado em lâminas finas
- 2ml de suco de gengibre
- 2g de alecrim
- 1g de sal e uma pitada de pimenta em pó
- 30ml de caldo de peixe

Tempere o peixe com sal e pimenta em pó. Faça um envelope de papel de alumínio ou papel-manteiga e depois coloque o peixe sobre as lâminas do limão siciliano, da abobrinha e do funcho. Em seguida, despeje por cima do peixe o suco de gengibre, o caldo e salpique o alecrim. Embrulhe e asse por 12 a 14 minutos, atento para não passar do ponto.

Arroz [rendimento: 1 porção]

50g de arroz branco

40g de nirá picado no tamanho
de 1cm

30g de pêssego em calda diet cortado
picadinho

1 cenoura

Cozinhe antecipadamente o arroz. Em seguida, deixe o nirá cozinhar na água por 3 minutos. Misture tudo e leve ao fogo por 2 minutos. Enfeite com 3 rodelinhas de cenoura pré-cozida.

VET TOTAL	Total
Ptn (g)	26,33
Cho (g)	23,99
Lip (g)	5,81
Kcal	258,98
GORDURAS E FIBRAS	
Colesterol (mg)	46,8
Gordura saturada (g)	1,3
Gordura poli-insaturada (g)	1,1
Gordura monoinsaturada (g)	1,9
Fibras (g)	1,8
Sódio (mg)	109

BOBÓ DE FRANGO [rendimento: 4 porções individuais de 100g]

100g de aipim cru

Caldo de legumes

40g de alho-poró

40g de cenoura

20g de cebola

220ml de caldo de frango

50g de peito de frango cozido e desfiado

32g de champignon

Cozinhe o aipim com a metade do caldo de legumes e depois bata no liquidificador até formar um creme.
Refogue o frango com o restante da receita e com a metade do caldo.
Mexa por 3 minutos e, em seguida, coloque sobre o creme de aipim.

VALOR NUTRICIONAL POR PORÇÃO

VET TOTAL	Total
Ptn (g)	18,64
Cho (g)	49,15
Lip (g)	2,23
Kcal	291,23

GORDURAS E FIBRAS	
Colesterol (mg)	0,0
Gordura saturada (g)	0,0
Gordura poli-insaturada (g)	0,1
Gordura monoinsaturada (g)	0,0
Fibras (g)	3,1
Sódio (mg)	15,3

FRANGO CAPRESE ACOMPANHADO DE ARROZ COM BRÓCOLIS [rendimento: 1 porção]

100g de filé de frango

20g de queijo minas frescal

25g de tomate

150ml de molho de tomate

1g de sal

0,5g de orégano

10 folhas de manjericão

Tempere o frango com sal.

Sele numa frigideira com 30ml de molho de tomate. Em seguida, coloque tiras de tomate por cima e depois o queijo minas ralado, orégano e folhas de manjericão.

Deixe derreter o queijo com 120ml do molho de tomate por cima.

Arroz com brócolis

60g de arroz

60g de brócolis

Cozinhe o arroz e o brócolis separadamente e, no final, misture tudo.

VET TOTAL	Total
Ptn (g)	28,99
Cho (g)	54,86
Lip (g)	10,82
Kcal	316,78
GORDURAS E FIBRAS	
Colesterol (mg)	59,0
Gordura saturada (g)	1,6
Gordura poli-insaturada (g)	2,2
Gordura monoinsaturada (g)	2,2
Fibras (g)	5,3
Sódio (mg)	717,7

BERINJELA RECHEADA COM CARNE ACOMPANHADA DE ARROZ COM LENTILHA [rendimento: 4 porções individuais de 155g]

600g de berinjela (4 unidades)

150g de carne moída

8g de alho

50g de cebola

1 colher de sobremesa de orégano

2g de hortelã picadinha

2g de sal

30ml de caldo de carne

40ml de molho de tomate

30ml de água

100g de arroz integral cru

100g de lentilha crua

1 limão siciliano

1 pitada de pimenta do reino e tomilho

Cozinhe o arroz com um pedaço da casca do limão siciliano. Faça o mesmo com a lentilha. Em seguida, coloque numa frigideira o alho e a cebola picados e a água. Deixe por 2 minutos, acrescente a carne moída com o caldo (reserve um pouco para a berinjela) e mexa até a carne ficar bem sequinha. Acrescente o molho de tomate e continue mexendo por uns 2 minutos. Tempere com sal e orégano, misture e prove para ver se está bem cozida.

Corte as berinjelas ao meio, retire toda polpa e cozinhe com o restante do caldo por apenas 1 minuto. Depois leve para assar com um pouco de sal, pimenta do reino, tomilho ou orégano e alho bem espremido.

Ao final, basta colocar sobre a berinjela a carne misturada com arroz, a lentilha e a hortelã picadinha.

VET TOTAL	Total
Ptn (g)	18,2
Cho (g)	47,0
Lip (g)	3,47
Kcal	292,13
GORDURAS E FIBRAS	
Colesterol (mg)	21,75
Gordura saturada (g)	1,1
Gordura poli-insaturada (g)	0,27
Gordura monoinsaturada (g)	0,97
Fibras (g)	10,47
Sódio (mg)	217,95

BOBÓ DE CARNE-SECA ACOMPANHADO DE ABÓBORA MADURA COZIDA E COUVE À MINEIRA [rendimento: 1 porção]

40g de carne-seca dessalgada, cozida e
desfiada
36g de cebola cortada fininha
6g de salsinha picada

110g de aipim cozido
40ml de água
40ml de caldo de legumes

Refogue a carne-seca dessalgada e desfiada com a cebola e um choro de caldo. Mexa por 2 minutos e coloque a salsinha. Cozinhe bem o aipim e bata no liquidificador com a água.

Abóbora madura cozida [rendimento: 1 porção]

60g de abóbora madura

Cozinhe a abóbora em cubinhos até que fique bem macia.

Couve à mineira [rendimento: 1 porção]

30g de couve crua cortada fininha
1 dente de alho picadinho

0,5g de sal
30ml de caldo de legumes

Refogue o alho com o caldo (depois acrescente a couve e o sal) por 3 minutos.

VALOR NUTRICIONAL POR PORÇÃO

VET TOTAL	Total
Ptn (g)	10,23
Cho (g)	40,28
Lip (g)	10,67
Kcal	298,07
GORDURAS E FIBRAS	
Colesterol (mg)	36,8
Gordura saturada (g)	3,5
Gordura poli-insaturada (g)	0,1
Gordura monoinsaturada (g)	3,0
Fibras (g)	0,5
Sódio (mg)	1.779,4

ESCALOPINHO DE CARNE AO MOLHO DE DAMASCO ACOMPANHADO DE BATATA GRATINADA E BRÓCOLIS COM ASPARGÒS [rendimento: 1 porção]

100g de filé-mignon

0,5g de sal

0,5g de pimenta

60ml de caldo de carne

22g de damasco (1 unidade pequena)

Tempere a carne e sele na frigideira com 20ml do caldo.
Depois cozinhe o damasco na água separadamente e, em seguida, bata com o caldo.

Batata gratinada [rendimento: 1 porção]

70g de batata crua cortada em lâminas finas

26g de iogurte desnatado

1g de alecrim

1g de sal

Coloque as batatas para cozinhar na água. Em seguida, retire-as da água, disponha em um tabuleiro e cubra com iogurte, sal e alecrim e leve para gratinar no forno alto.

Brócolis com aspargos

24g de brócolis

40g de aspargos em conserva

1 tomate cereja para enfeitar

Cozinhe o brócolis, deixando no ponto de que você gosta, e depois é só montar o prato com os aspargos e o tomate.

VET TOTAL	Total
Ptn (g)	26,47
Cho (g)	27,29
Lip (g)	6,84
Kcal	276,6
GORDURAS E FIBRAS	
Colesterol (mg)	56,6
Gordura saturada (g)	3,1
Gordura poli-insaturada (g)	0,2
Gordura monoinsaturada (g)	2,0
Fibras (g)	1,6
Sódio (mg)	67,8

ESCALOPINHO DE CARNE AO MOLHO DE MOSTARDA DE DIJON ACOMPANHADO DE BATATA RÖSTI E COUVE-FLOR COZIDA [rendimento: 1 porção]

100g de filé-mignon

1g de sal

120ml de caldo de carne

14g de mostarda de Dijon

2g de farinha de trigo

1g de alecrim

1 tomate cereja

1 pitada de pimenta em pó

Tempere a carne com sal e pimenta em pó e depois sele na frigideira com 20ml do caldo.

Em seguida, separe e prepare o molho: junte o caldo, a mostarda e o alecrim, acrescentando a farinha de trigo para engrossar.

Batata rösti [rendimento: 1 porção]

70g de batata pré-cozida ralada

10g de cebola cortada picadinha

1g de salsinha cortada picadinha

0,5g de sal

5ml de óleo de canola

Misture tudo e sele na frigideira, em que você passou um papel com óleo em volta, os dois lados da batata até dourar.

Couve-flor [rendimento: 1 porção]

100g de couve-flor

Cozinhe a couve-flor até ficar no ponto de que você gosta.

VET TOTAL	Total
Ptn (g)	26,31
Cho (g)	21,87
Lip (g)	11,37
Kcal	291,05
GORDURAS E FIBRAS	
Colesterol (mg)	55,0
Gordura saturada (g)	2,9
Gordura poli-insaturada (g)	4,9
Gordura monoinsaturada (g)	1,9
Fibras (g)	1,7
Sódio (mg)	439,9

ROSBIFE COM MOLHO DE HORTELÃ, BETERRABA E CENOURA

Rosbife [rendimento: 400g — porção individual: 100g]

400g de filé-mignon

4g de alho

1g de alecrim

10g de cebola

30ml de vinagre balsâmico

1g de sal

0,5g de pimenta

Marine a carne por 20 minutos e depois sele na frigideira com o chorinho do caldo.

Molho de hortelã

90g de hortelã

240ml de caldo de carne

56g de abacaxi

1g de sal

4g de amido de milho

2g de avelã

Bata tudo no liquidificador.

Depois leve ao fogo e engrosse com o amido de milho. Na hora de servir, coloque mais hortelã picadinha por cima do molho.

Acrescente a avelã sobre a carne e o molho quando tudo estiver pronto.

Cenoura e beterraba [rendimento: 1 porção]

70g de cenoura pré-cozida grosseiramente ralada

50g de beterraba pré-cozida grosseiramente ralada

2g de caule de salsinha

20g de cebola

2g de avelã

Refogue a beterraba separada com metade da cebola e do caule e sal por 3 minutos.

Depois faça a mesma coisa com a cenoura. Mexa por 2 minutos e sirva com a carne e o molho.

VET TOTAL	Total
Ptn (g)	23,7
Cho (g)	16,5
Lip (g)	6,13
Kcal	216,7
GORDURAS E FIBRAS	
Colesterol (mg)	55
Gordura saturada (g)	2,9
Gordura poli-insaturada (g)	0,32
Gordura monoinsaturada (g)	1,95
Fibras (g)	13,11
Sódio (mg)	288,95

CREPE DE BACALHAU

Massa [rendimento: 8 porções individuais de 50ml]

200ml de leite desnatado

2 ovos inteiros

60g de farinha de trigo

2ml de óleo de soja

Recheio [rendimento: 455g — porção individual: 80g]

60g de alho-poró cortado em rodelinhas

8g de amido de milho

110g de bacalhau cozido e desfiado

78g de palmito em conserva drenado e
   picado

120ml de molho de tomate fresco

88g de cenoura ralada no ralo grosso

40ml de caldo de legumes

Misture todos os ingredientes da massa batendo num liquidificador e leve para a geladeira por 20 minutos. Depois retire e prepare os crepes. Para o recheio, refogue o alho-poró, o bacalhau, o palmito e a cenoura ralada com o caldo de legumes e metade do molho de tomate. Em seguida, acrescente o amido para engrossar e continue mexendo. Enrole os crepes e cubra com a outra metade do molho de tomate.

VALOR NUTRICIONAL POR PORÇÃO

VET TOTAL	Total
Ptn (g)	8,65
Cho (g)	13,99
Lip (g)	3,04
Kcal	118,36
GORDURAS E FIBRAS	
Colesterol (mg)	70,4
Gordura saturada (g)	0,67
Gordura polinsaturada (g)	1,06
Gordura monoinsaturada (g)	0,71
Fibras (g)	1,22
Sódio (mg)	269,84

LASANHA DE BERINJELA [rendimento: 1 porção]

60g de berinjela cortada em lâminas
   finas

100ml de molho de tomate

20g de blanquet de peru

1g de orégano

20g de muçarela light ralada

1g de sal

2g de manjericão fresco

Pimenta em pó

Tempere as berinjelas com sal e pimenta em pó e leve para selar na
frigideira antiaderente.

Em seguida, coloque num prato um pouco de molho de tomate, 3 lâminas
de berinjela, a blanquet, o orégano e o molho de tomate.

Novamente coloque por cima a berinjela, a blanquet, o queijo ralado, o
manjericão, o orégano e o molho de tomate.

Leve ao forno para gratinar.

Molho de tomate

2 tomates

3g de alho

10 folhas de manjericão

1g de orégano

Pique os tomates e cozinhe todos os ingredientes por 6 minutos. Depois bata no liquidificador e coe.

VET TOTAL	Total Lasanha de berinjela	Total Lasanha de berinjela com 10g de tomate seco
Ptn (g)	9,36	10,22
Cho (g)	9,44	17,89
Lip (g)	7,50	12,84
Kcal	142,7	228,0
GORDURAS E FIBRAS		
Colesterol (mg)	21,3	21,3
Gordura saturada (g)	2,9	2,9
Gordura poli-insaturada (g)	1,4	1,4
Gordura monoinsaturada (g)	1,8	1,8
Fibras (g)	2,7	2,8
Sódio (mg)	993,0	993,1

QUICHE COM RECHEIO DE ABOBRINHA, CHAMPIGNON, ALHO-PORÓ OU PALMITO

Massa [rendimento: 10 porções de 28g]

176g de farinha de trigo

1g de orégano

50g de margarina

10ml de azeite

50ml de água

4g de sal

Misture todos os ingredientes.

Recheio [rendimento: 400ml de creme. Use 30ml para cada quiche]

10g de abobrinha, ou 15g de champignon, ou 14g de palmito, ou 10g de
alho-poró

20g de margarina

50g de cebola

3g de sal

1g de pimenta em pó

150g de queijo cottage

10g de farinha de trigo

2 ovos

80ml de leite desnatado

1g de fermento em pó

Pique a abobrinha, o champignon, o palmito ou o alho-poró em pedacinhos.

Misture a margarina, a cebola, o queijo, a farinha, os ovos, o leite,

o fermento, o sal e a pimenta até formar um creme homogêneo. Em seguida, coloque a massa no tabuleiro, seguido pelo recheio e o creme por cima.

Leve para assar por cerca de 20 minutos e fique de olho para não passar do ponto.

VET TOTAL	Total Quiche com qualquer recheio
Ptn (g)	2,1
Cho (g)	13,0
Lip (g)	5,3
Kcal	108,64
GORDURAS E FIBRAS	
Colesterol (mg)	0,0
Gordura saturada (g)	0,14
Gordura poli-insaturada (g)	0,1
Gordura monoinsaturada (g)	0,7
Fibras (g)	0,1
Sódio (mg)	155,2

YAKISOBA DE FRANGO [rendimento: 2 porções]

80g de filé de frango

80ml de caldo de legumes

1g de sal

25g de cenoura

60g de repolho

15g de pimentão vermelho

30g de champignon

20g de cebola

30g de brócolis cozido

26g de nirá

20ml de molho de soja

40g de massa para yakisoba

Cozinhe a massa separadamente. Tempere o frango com o molho de soja, doure na frigideira e, no final, junte aos legumes e à massa. Pique os legumes em tirinhas; a cenoura e o champignon, em lâminas finas. Cozinhe tudo no caldo e junte à massa.

Dica: veja na p. 157 como preparar um molho de soja light e saudável.

VALOR NUTRICIONAL POR PORÇÃO

VET TOTAL	Total
Ptn (g)	12,55
Cho (g)	14,98
Lip (g)	7,75
Kcal	179,95
GORDURAS E FIBRAS	
Colesterol (mg)	25,6
Gordura saturada (g)	1,05
Gordura poli-insaturada (g)	0,95
Gordura monoinsaturada (g)	1,55
Fibras (g)	1,65
Sódio (mg)	355,4

Acompanhamentos

Saladas ✻ Molhos

CARPACCIO DE BERINJELA E ABOBRINHA [rendimento: 2 porções]

222g de berinjela crua

214g de abobrinha crua

10ml de azeite misturado com água

Um pouco de azeite para selar

2g de sal

2g de tomilho

Corte a abobrinha e a berinjela em lâminas finas e coloque uma pitada de sal sobre elas. Passe azeite na frigideira e sele para dar cor. Depois de montar o prato, coloque tomilho e 10ml de azeite misturado com água.

VET TOTAL	Total
Ptn (g)	2,32
Cho (g)	11,28
Lip (g)	5,3
Kcal	102,14
GORDURAS E FIBRAS	
Colesterol (mg)	0,0
Gordura saturada (g)	0,75
Gordura poli-insaturada (g)	0,5
Gordura monoinsaturada (g)	3,7
Fibras (g)	4,25
Sódio (mg)	3,2

SALADA CAESER [rendimento: 1 porção]

100g de alface americana
2g de salsinha picada
8g de alcaparra
20g de queijo branco ralado

30g de berinjela assada (72g
quando crua)
Sal

Deixe as alcaparras na água por 1 hora e depois troque a água 3 vezes para dessalgar.
Pique as alcaparras.
Asse as berinjelas em cubinhos num tabuleiro untado com azeite com um pouco de sal, até dourar.
Depois misture tudo e está pronta a sua salada.

VET TOTAL	Total
Ptn (g)	5,04
Cho (g)	8,08
Lip (g)	4,14
Kcal	89,74
GORDURAS E FIBRAS	
Colesterol (mg)	0,0
Gordura saturada (g)	0,0
Gordura poli-insaturada (g)	0,0
Gordura monoinsaturada (g)	0,0
Fibras (g)	1,1
Sódio (mg)	8,1

SALADA CAPRESE COM RÚCULA [rendimento: 1 porção]

80g de tomate cortado em rodelas finas

20g de queijo branco cortado em tirinhas

4g de manjericão

30g de rúcula

2g de tomilho

Coloque as folhas de rúcula no prato, depois os tomates por cima e, em seguida, o queijo branco, as folhas de manjericão e o tomilho.

VET TOTAL	Total
Ptn (g)	5,04
Cho (g)	3,23
Lip (g)	4,07
Kcal	69,71
GORDURAS E FIBRAS	
Colesterol (mg)	0,0
Gordura saturada (g)	0,0
Gordura poli-insaturada (g)	0,0
Gordura monoinsaturada (g)	0,0
Fibras (g)	1,1
Sódio (mg)	1,0

SALADA DE AGRIÃO E PIMENTÃO [rendimento: 1 porção]

32g de agrião

30g de pimentão amarelo cortado em
    tirinhas

30g de pimentão vermelho cortado em
    tirinhas

4 ovos de codorna

25g de cebola roxa cortada em lâminas
    finas

5ml de azeite

Unte o tabuleiro, se quiser assar os pimentões, ou a frigideira, se preferi-
-los selados. Depois é só montar a sua salada misturando tudo com carinho.

VALOR NUTRICIONAL POR PORÇÃO

VET TOTAL	Total
Ptn (g)	1,92
Cho (g)	6,32
Lip (g)	5,67
Kcal	84,23

GORDURAS E FIBRAS	
Colesterol (mg)	33,8
Gordura saturada (g)	0,1
Gordura poli-insaturada (g)	0,4
Gordura monoinsaturada (g)	0,2
Fibras (g)	2,1
Sódio (mg)	10,8

SALADA DE ALFACE E VAGEM FRANCESA [rendimento: 1 porção]

12g de alface roxa e 12g de alface verde
  rasgadas em pedaços
6 unidades de tomate cereja

40g de vagem francesa cozida na água
20g de milho verde
50g de alface americana

Misture tudo com carinho.

VET TOTAL	Total
Ptn (g)	2,74
Cho (g)	12,16
Lip (g)	0,98
Kcal	68,42
GORDURAS E FIBRAS	
Colesterol (mg)	0,0
Gordura saturada (g)	0,1
Gordura poli-insaturada (g)	0,3
Gordura monoinsaturada (g)	0,2
Fibras (g)	2,6
Sódio (mg)	71,0

SALADA DE BRÓCOLIS E COUVE-FLOR [rendimento: 1 porção]

130g de brócolis pré-cozido

150g de couve-flor

Pré-cozinhe o brócolis por 6 minutos.
Cozinhe a couve-flor na água por 10 minutos.
Coloque o molho escolhido.

VALOR NUTRICIONAL POR PORÇÃO

VET TOTAL	Total
Ptn (g)	6,88
Cho (g)	14,41
Lip (g)	0,78
Kcal	92,18
GORDURAS E FIBRAS	
Colesterol (mg)	0,0
Gordura saturada (g)	0,1
Gordura poli-insaturada (g)	0,2
Gordura monoinsaturada (g)	0,0
Fibras (g)	3,9
Sódio (mg)	33,8

SALADA DE CARNE-SECA COM ABÓBORA [rendimento: 1 porção]

40g de rúcula

100g de abóbora-moranga cortada em cubinhos

35g de cebola cortada em lâminas finas

50g de carne-seca cozida dessalgada e desfiada sem gordurinhas

Caldo de legumes

3 colheres de chá de salsinha

Molho de soja

Asse os cubinhos de abóbora e coloque-os sobre as folhas de rúcula. Acrescente um choro de caldo de legumes e refogue as cebolas por 1 minuto. Em seguida, coloque a carne-seca e mexa por 2 minutos. Salpique a salsinha e coloque no meio da salada. Deixe o molho de soja e a rúcula para serem servidos à parte.

Dica: veja na p. 157 como preparar um molho de soja light e saudável.

veja na p. 157

VALOR NUTRICIONAL POR PORÇÃO

VET TOTAL	Total
Ptn (g)	20,53
Cho (g)	14,01
Lip (g)	6,44
Kcal	196,12
GORDURAS E FIBRAS	
Colesterol (mg)	0,0
Gordura saturada (g)	0,0
Gordura poli-insaturada (g)	0,0
Gordura monoinsaturada (g)	0,0
Fibras (g)	1,5
Sódio (mg)	4,8

SALADA DE MORANGO [rendimento: 1 porção]

55g de maçã (1 unidade pequena)
cortada em cubinhos

36g de aipo cozido cortado em cubinhos
bem pequenos

80g de morango cortado em cubos
maiores

4g de hortelã

10g de maionese light

16g de alface crespa e roxa

Passe a maionese light em volta dos cubinhos de maçã para não escurecer. Depois misture tudo, com exceção da alface, que será disposta depois na base do prato.

VET TOTAL	Total
Ptn (g)	1,12
Cho (g)	17,6
Lip (g)	3,65
Kcal	108,39
GORDURAS E FIBRAS	
Colesterol (mg)	3,6
Gordura saturada (g)	0,6
Gordura poli-insaturada (g)	2,0
Gordura monoinsaturada (g)	0,8
Fibras (g)	2,7
Sódio (mg)	121,4

SALADA DELÍCIA [rendimento: 1 porção]

40g de acelga

9g de pepino japonês cortado em lâminas finas

30g de rabanete cortado em lâminas finas

60g de cenoura ralada

34g de pimentão amarelo cortado em tirinhas

70g (1 fatia não muito grossa) de abacaxi picado

2g de caule de rúcula picado

5 unidades de tomate cereja

Misture tudo com carinho.

VET TOTAL	Total
Ptn (g)	3,10
Cho (g)	22,98
Lip (g)	0,86
Kcal	112,06
GORDURAS E FIBRAS	
Colesterol (mg)	0,0
Gordura saturada (g)	0,0
Gordura poli-insaturada (g)	0,6
Gordura monoinsaturada (g)	0,0
Fibras (g)	5,4
Sódio (mg)	117,9

SALADA JAPONESA [rendimento: 1 porção]

50g de pepino japonês cru cortado fininho

1g de sal

30g de cenoura raladinha

40g de acelga

20g de tomate cortado em cubinhos pequenos

20g de palmito cortado em rodelas finas

Monte a sua salada misturando os ingredientes sobre as folhas da acelga.

VET TOTAL	Total
Ptn (g)	1,8
Cho (g)	8,3
Lip (g)	0,4
Kcal	44,0
GORDURAS E FIBRAS	
Colesterol (mg)	0,0
Gordura saturada (g)	0,0
Gordura poli-insaturada (g)	0,0
Gordura monoinsaturada (g)	0,0
Fibras (g)	1,8
Sódio (mg)	13,3

SALADA VERDE COM CENOURA, ALHO-PORÓ, PASSAS BRANCAS E MILHO [rendimento: 1 porção]

60g de alface americana

22g de alface roxa

34g de alface crespa

40g de cenoura ralada

30g de alho-poró cortado em rodelinhas

20g de milho em conserva

10 unidades de passas brancas

Misture tudo com carinho.

VET TOTAL	Total
Ptn (g)	2,91
Cho (g)	22,31
Lip (g)	0,94
Kcal	109,34

GORDURAS E FIBRAS	
Colesterol (mg)	0,0
Gordura saturada (g)	0,0
Gordura poli-insaturada (g)	0,1
Gordura monoinsaturada (g)	0,0
Fibras (g)	2,7
Sódio (mg)	16,5

SALADA VERDE COM MANGA, PALMITO E RABANETE

[rendimento: 1 porção]

24g de alface roxa

16g de rúcula

66g de palmito

52g de manga

28g de rabanete

14g de chicória frisée

Misture tudo e monte sua salada.

VET TOTAL	Total
Ptn (g)	2,08
Cho (g)	13,50
Lip (g)	0,34
Kcal	65,38
GORDURAS E FIBRAS	
Colesterol (mg)	0,0
Gordura saturada (g)	0,0
Gordura poli-insaturada (g)	0,0
Gordura monoinsaturada (g)	0,1
Fibras (g)	2,1
Sódio (mg)	5,1

SALADA VERDE COM TOMATE, PEPINO, CEBOLA E ERVAS

[rendimento: 1 porção]

40g de alface americana rasgada em pedaços

20g de agrião

24g de cebola roxa cortada em lâminas finas

26g de pepino fresco, ou em conserva, picado

2g de hortelã

80g de tomate cereja cortado ao meio

Monte sua salada misturando tudo.

VET TOTAL	Total
Ptn (g)	1,9
Cho (g)	7,78
Lip (g)	0,44
Kcal	42,68
GORDURAS E FIBRAS	
Colesterol (mg)	0,0
Gordura saturada (g)	0,0
Gordura poli-insaturada (g)	0,1
Gordura monoinsaturada (g)	0,0
Fibras (g)	1,8
Sódio (mg)*	10,3
Sódio (mg)**	132,6

* com pepino fresco ** com pepino em conserva

MOLHO BALI [rendimento: 1 porção de 50ml]

30ml de água

10g de geleia de framboesa diet

5ml de molho de soja

10ml de vinagre balsâmico

1g de sal

0,8g de aspartame

Misture todos os ingredientes.

Dica: veja na p. 157 como preparar um molho de soja light e saudável.

VET TOTAL	Total
Ptn (g)	0,38
Cho (g)	1,64
Lip (g)	0,00
Kcal	8,08
GORDURAS E FIBRAS	
Colesterol (mg)	0,0
Gordura saturada (g)	0,0
Gordura poli-insaturada (g)	0,0
Gordura monoinsaturada (g)	0,0
Fibras (g)	0,2
Sódio (mg)	388,2

MOLHO DE DAMASCO COM MOSTARDA DE DIJON

[rendimento: 4 porções de 62,5ml]

4g de alho socado

1g de sal

36g de damasco picado (1 unidade média)

15g de mostarda de Dijon

240ml de caldo de legumes

Bata tudo no liquidificador.

MOLHO DE DAMASCO E CENOURA

[rendimento: 7 porções individuais de 50ml]

200ml de água
102g de cenoura
50g de coulis de damasco

2g de sal
10ml de gengibre ralado e espremido
para usar o suco

Bata tudo no liquidificador.
Misture bem.

Coulis de damasco [rendimento: 310g]

150g de damasco picado (3 unidades)
300ml de água

8g de adoçante para culinária
4 gotas de vinagre ou suco de limão

Cozinhe tudo por 8 minutos e depois bata no liquidificador.

VALOR NUTRICIONAL POR PORÇÃO

VET TOTAL	Total
Ptn (g)	0,2
Cho (g)	2,1
Lip (g)	0,05
Kcal	9,6
GORDURAS E FIBRAS	
Colesterol (mg)	0,0
Gordura saturada (g)	0,0
Gordura poli-insaturada (g)	0,0
Gordura monoinsaturada (g)	0,0
Fibras (g)	0,27
Sódio (mg)	111,6

MOLHO DE IOGURTE COM CARDAMOMO

[rendimento: 2 porções de 50ml]

1g de raspa de casca de limão

2g de alho socado

2g de sal

2g de hortelã picada

16g de cardamomo socado

100g de iogurte desnatado

Misture tudo muito bem.

VET TOTAL	Total
Ptn (g)	2,7
Cho (g)	3,8
Lip (g)	0,7
Kcal	32,4
GORDURAS E FIBRAS	
Colesterol (mg)	3,0
Gordura saturada (g)	0,5
Gordura poli-insaturada (g)	0,05
Gordura monoinsaturada (g)	0,2
Fibras (g)	0,0
Sódio (mg)	35,1

MOLHO DE LIMÃO [rendimento: 1 porção de 60ml]

30ml de extrato de limão

20g de mostarda de Dijon

1g de sal

Misture tudo e sirva.

VET TOTAL	Total
Ptn (g)	0,78
Cho (g)	3,31
Lip (g)	0,13
Kcal	17,53
GORDURAS E FIBRAS	
Colesterol (mg)	0,0
Gordura saturada (g)	0,0
Gordura poli-insaturada (g)	0,0
Gordura monoinsaturada (g)	0,0
Fibras (g)	0,2
Sódio (mg)	0,0

MOLHO DE MANGA E GENGIBRE [rendimento: 7 porções de 50ml]

156g de manga

240ml de água

10ml de gengibre ralado e espremido
   para usar o suco

Bata tudo no liquidificador.

VET TOTAL	Total
Ptn (g)	0,08
Cho (g)	3,7
Lip (g)	0,06
Kcal	15,8
GORDURAS E FIBRAS	
Colesterol (mg)	0,0
Gordura saturada (g)	0,03
Gordura poli-insaturada (g)	0,03
Gordura monoinsaturada (g)	0,0
Fibras (g)	0,3
Sódio (mg)	1,5

Sopas

CALDO VERDE [rendimento: 2 porções de 300ml]

140g de batata inglesa cortada em lâminas finas

90g de cebola picada

2g de alho picado

2 folhas de louro

30g de couve crua cortada fininha

700ml de caldo de legumes

1g de sal

Cozinhe tudo junto, menos a couve. Depois retire o louro e bata no liquidificador.
Coloque a couve na sopa.

VET TOTAL	Total
Ptn (g)	2,3
Cho (g)	16,01
Lip (g)	0,18
Kcal	75,04
GORDURAS E FIBRAS	
Colesterol (mg)	0,0
Gordura saturada (g)	0,0
Gordura poli-insaturada (g)	0,05
Gordura monoinsaturada (g)	0,0
Fibras (g)	1,6
Sódio (mg)	7,95

SOPA DE ABÓBORA [rendimento: 1 porção de 250ml]

100g de abóbora crua picada

200ml de caldo de legumes

5ml de gengibre ralado e espremido para
   usar o suco

1g de sal

3 colheres de sopa de salsinha

Cozinhe tudo no caldo e depois bata no liquidificador.
Enfeite com salsinha.

VET TOTAL	Total
Ptn (g)	0,73
Cho (g)	4,88
Lip (g)	0,08
Kcal	23,16
GORDURAS E FIBRAS	
Colesterol (mg)	0,0
Gordura saturada (g)	0,0
Gordura poli-insaturada (g)	0,0
Gordura monoinsaturada (g)	0,0
Fibras (g)	0,9
Sódio (mg)	172,9

SOPA DE ALHO-PORÓ [rendimento: 1 porção de 250ml]

100g de alho-poró

20g de pimentão amarelo picado

15g de cebola picada

120ml de leite desnatado

120ml de caldo de carne

1g de sal

Cozinhe tudo no caldo, depois coloque o leite e bata no liquidificador. Enfeite com rodelinhas de alho-poró.

VET TOTAL	Total
Ptn (g)	5,85
Cho (g)	22,52
Lip (g)	1,64
Kcal	128,24
GORDURAS E FIBRAS	
Colesterol (mg)	4,8
Gordura saturada (g)	0,8
Gordura poli-insaturada (g)	0,2
Gordura monoinsaturada (g)	0,4
Fibras (g)	0,8
Sódio (mg)	449,1

SOPA DE CEBOLA [rendimento: 1 porção de 250ml]

80g de cebola crua

120ml de leite desnatado

120ml de caldo de frango

1g de sal

Salsinha para enfeitar

Cozinhe as cebolas no caldo, depois coloque o leite, o sal e bata no liquidificador.

VET TOTAL	Total
Ptn (g)	4,9
Cho (g)	12,66
Lip (g)	1,41
Kcal	82,93
GORDURAS E FIBRAS	
Colesterol (mg)	4,8
Gordura saturada (g)	0,0
Gordura poli-insaturada (g)	0,8
Gordura monoinsaturada (g)	0,0
Fibras (g)	0,4
Sódio (mg)	1,3

SOPA DE CENOURA, ALHO-PORÓ E CHAMPIGNON

[rendimento: 2 porções individuais de 300ml]

100g de alho-poró picadinho

170g de cenoura ralada

500ml de caldo de frango

1g de sal

50g de champignon fatiado para colocar sobre a sopa

Cozinhe tudo junto, menos o champignon, e depois bata no liquidificador.

Acrescente o champignon e sirva.

VET TOTAL	Total
Ptn (g)	2,31
Cho (g)	16,85
Lip (g)	0,36
Kcal	79,92
GORDURAS E FIBRAS	
Colesterol (mg)	0,0
Gordura saturada (g)	0,05
Gordura poli-insaturada (g)	0,1
Gordura monoinsaturada (g)	0,0
Fibras (g)	3,15
Sódio (mg)	30,75

SOPA DE COUVE-FLOR [rendimento: 1 porção de 250ml]

100g de couve-flor crua picada

20g de cebola

4g de hortelã

140ml de caldo de frango

1g de sal

Cozinhe tudo junto e depois bata no liquidificador.
Em seguida, enfeite com folhinhas de hortelã.

VET TOTAL	Total
Ptn (g)	2,08
Cho (g)	5,85
Lip (g)	0,48
Kcal	36,04
GORDURAS E FIBRAS	
Colesterol (mg)	0,0
Gordura saturada (g)	0,1
Gordura poli-insaturada (g)	0,2
Gordura monoinsaturada (g)	0,1
Fibras (g)	2,0
Sódio (mg)	15,6

SOPA DE LEGUMES [rendimento: 1 porção de 250ml]

34g de cenoura

14g de cebola

50g de couve-flor

12g de pimentão vermelho picadinho

36g de abóbora moranga picada

240ml de caldo de frango

1g de sal

Tomilho para enfeitar

Deixe pré-cozida a couve-flor e a abóbora. Depois, cozinhe tudo junto e finalmente bata no liquidificador.
Enfeite com tomilho.

VALOR NUTRICIONAL POR PORÇÃO

VET TOTAL	Total
Ptn (g)	2,29
Cho (g)	10,31
Lip (g)	0,32
Kcal	53,28

GORDURAS E FIBRAS	
Colesterol (mg)	0,0
Gordura saturada (g)	0,0
Gordura poli-insaturada (g)	0,0
Gordura monoinsaturada (g)	0,0
Fibras (g)	2,1
Sódio (mg)	74,6

Sobremesas

ABACAXI COM COULIS DE MORANGO [rendimento: 1 porção]

80g de abacaxi cru (1 fatia grossa)

15ml de coulis de morango

Grelhe o abacaxi numa frigideira antiaderente já aquecida até dourar os dois lados. Sirva com o coulis de morango por cima.

Coulis de morango [rendimento: 560g]

330g de morangos já lavados (cerca de 25 unidades)

100ml de água

12g de adoçante para culinária

2ml de vinagre

Leve ao fogo por 10 minutos e depois bata no liquidificador com a metade do caldo. Se precisar, use o restante para não ficar ralo.

VET TOTAL	Total
Ptn (g)	0,8
Cho (g)	11,9
Lip (g)	0,2
Kcal	50,7
GORDURAS E FIBRAS	
Colesterol (mg)	0,0
Gordura saturada (g)	0,0
Gordura poli-insaturada (g)	0,0
Gordura monoinsaturada (g)	0,0
Fibras (g)	0,1
Sódio (mg)	0,17

BANANA COM IOGURTE [rendimento: 1 porção]

1 banana prata grande (55g)

15ml de suco de laranja

1g de raspas de limão

0,5g de canela em pó

Creme de iogurte

30g de iogurte desnatado

0,4g de aspartame

Corte a banana ao meio e asse com a casca.

Coloque a raspa de limão, o suco da laranja e a canela por cima.

Leve para assar até dourar.

Bata bem o iogurte desnatado e o aspartame para formar o creme.

Sirva com creme de iogurte.

VALOR NUTRICIONAL POR PORÇÃO

VET TOTAL	Total
Ptn (g)	2,67
Cho (g)	26,85
Lip (g)	0,75
Kcal	123,13
GORDURAS E FIBRAS	
Colesterol (mg)	0,0
Gordura saturada (g)	0,0
Gordura poli-insaturada (g)	0,0
Gordura monoinsaturada (g)	0,0
Fibras (g)	3,8
Sódio (mg)	2,35

GELADO DE IOGURTE COM DAMASCO

[rendimento: 430g — porção individual: 60g]

185g de iogurte desnatado

185g de coulis de damasco

6g de adoçante para culinária

60ml (5 colheres de sopa) de água

2 claras

12g de gelatina incolor em pó

Hidrate a gelatina em banho-maria com 5 colheres de sopa de água.

No liquidificador bata o iogurte gelado e o adoçante. Em seguida, acrescente a gelatina dissolvida e bata novamente.

Junte o coulis de damasco e as claras em neve delicadamente.

Tampe e leve ao freezer por 1 hora.

Depois, retire e bata na batedeira ou no liquidificador até virar um creme.

Em seguida, coloque num refratário ou em tacinhas e leve ao freezer de novo por 3 horas.

Desenforme e sirva (ou coma diretamente do recipiente, por que não?).

Coulis de damasco [rendimento: 310g]

150g de damasco picado (3 unidades)

300ml de água

8g de adoçante para culinária

4 gotas de vinagre ou suco de limão

Cozinhe tudo por 8 minutos e depois bata no liquidificador.

VALOR NUTRICIONAL POR PORÇÃO DE 50G

VET TOTAL	Total
Ptn (g)	2,3
Cho (g)	4,4
Lip (g)	0,4
Kcal	30,92
GORDURAS E FIBRAS	
Colesterol (mg)	1,6
Gordura saturada (g)	0,2
Gordura polinsaturada (g)	0,01
Gordura monoinsaturada (g)	0,1
Fibras (g)	0,14
Sódio (mg)	19,13

GELADO DE IOGURTE COM MORANGO

[rendimento: 430g – porção individual: 60g]

185g de iogurte desnatado

185g de coulis de morango

6g de adoçante para culinária

60ml (5 colheres de sopa) de água

2 claras

12g de gelatina incolor em pó

Hidrate a gelatina em banho-maria com 5 colheres de sopa de água.

No liquidificador, bata o iogurte gelado e o adoçante. Em seguida, adicione a gelatina dissolvida e bata novamente.

Junte o coulis de morango e as claras em neve delicadamente.

Tampe e leve ao freezer por 1 hora.

Depois, retire do freezer e bata na batedeira ou no liquidificador até virar um creme.

Em seguida, coloque num refratário ou em tacinhas e leve ao freezer de novo, por 3 horas.

Desenforme e sirva (ou coma diretamente do recipiente, por que não?).

Coulis de morango [rendimento: 560g]

330g de morangos já lavados (cerca de 25 unidades)

100ml de água

12g de adoçante para culinária

2ml de vinagre

Leve ao fogo por 10 minutos e depois bata no liquidificador com a metade do caldo. Se precisar, use o restante para não ficar ralo.

VET TOTAL	Total
Ptn (g)	2,24
Cho (g)	3,5
Lip (g)	0,42
Kcal	21,1
GORDURAS E FIBRAS	
Colesterol (mg)	1,6
Gordura saturada (g)	0,25
Gordura polinsaturada (g)	0,04
Gordura monoinsaturada (g)	0,17
Fibras (g)	0,23
Sódio (mg)	18,7

GELADO DE IOGURTE COM PÊSSEGO

[rendimento: 460g – porção individual: 60g]

185g de iogurte desnatado
150g de pêssego em calda diet
3g de adoçante para culinária

12g de gelatina incolor em pó
60ml (5 colheres de sopa) de água

Hidrate a gelatina em banho-maria com 5 colheres de sopa de água.
No liquidificador, bata o iogurte gelado e o adoçante. Em seguida, adicione a gelatina dissolvida e bata novamente.
Junte alguns pedaços de pêssego e as claras em neve delicadamente.
Tampe e leve ao freezer por 1 hora.
Depois, retire do freezer e bata na batedeira ou no liquidificador até virar um creme.
Em seguida, coloque num refratário ou em tacinhas e leve ao freezer de novo por 3 horas.
Desenforme e sirva (ou diretamente do recipiente, por que não?).

VALOR NUTRICIONAL POR PORÇÃO DE 50G

VET TOTAL	Total
Ptn (g)	3,4
Cho (g)	3,1
Lip (g)	0,3
Kcal	29,3

GORDURAS E FIBRAS	
Colesterol (mg)	1,5
Gordura saturada (g)	0,2
Gordura polinsaturada (g)	0,01
Gordura monoinsaturada (g)	0,08
Fibras (g)	0,0
Sódio (mg)	29,8

MANJAR DE COCO [rendimento: 630g – porção individual: 50g]

450ml de leite desnatado

100ml de leite de coco light

10g de adoçante para culinária

50g de maisena

Coloque tudo numa panela e mexa até começar a engrossar. Retire do fogo e mexa mais 2 minutos.

Dica: Também fica muito bom com 5g de coulis de damasco ou morango decorando cada tacinha de manjar.

VET TOTAL	Total
Ptn (g)	1,18
Cho (g)	2,44
Lip (g)	1,18
Kcal	25,06
GORDURAS E FIBRAS	
Colesterol (mg)	0,0
Gordura saturada (g)	0,07
Gordura poli-insaturada (g)	0,0
Gordura monoinsaturada (g)	0,05
Fibras (g)	0,0
Sódio (mg)	0,0

MUSSE DE CHOCOLATE [rendimento: 6 porções]

2 claras em neve

1 ½ gema

250ml de leite desnatado

11g de adoçante para culinária

6g de gelatina sem sabor

40g de chocolate em pó diet

Dissolva a gelatina em um pouco de água e depois acrescente o resto dos ingredientes, menos as claras.

Mexa bem e depois acrescente as claras em neve.

Misture com carinho e ponha na geladeira.

VET TOTAL	Total
Ptn (g)	3,0
Cho (g)	5,1
Lip (g)	0,8
Kcal	40,22

GORDURAS E FIBRAS	
Colesterol (mg)	5,77
Gordura saturada (g)	0,31
Gordura poli-insaturada (g)	0,32
Gordura monoinsaturada (g)	0,16
Fibras (g)	0,7
Sódio (mg)	21,16

MUSSE DE DAMASCO [rendimento: 430g [14 porções] — porção individual: 60g]

185g de iogurte desnatado

185g de coulis de damasco

6g de adoçante para culinária

60ml de água

2 claras em neve

12g de gelatina sem sabor

Dissolva a gelatina em um pouco de água quente.
Junte tudo no liquidificador e bata bem rápido.
Coloque as claras em neve aos poucos e misture com carinho.
Depois, leve para a geladeira.

Coulis de damasco [rendimento: 310g]

150g de damasco picado (3 unidades)

300ml de água

8g de adoçante para culinária

4 gotas de vinagre ou suco de limão

Cozinhe tudo por 8 minutos e depois bata no liquidificador.

VALOR NUTRICIONAL POR PORÇÃO DE 50G

VET TOTAL	Total
Ptn (g)	2,3
Cho (g)	4,4
Lip (g)	0,4
Kcal	30,92
GORDURAS E FIBRAS	
Colesterol (mg)	1,6
Gordura saturada (g)	0,2
Gordura poli-insaturada (g)	0,01
Gordura monoinsaturada (g)	0,1
Fibras (g)	0,14
Sódio (mg)	19,13

MUSSE DE GOIABADA [rendimento: 420g — porção individual: 60g]

185g de iogurte desnatado

185g de coulis de goiaba

6g de adoçante para culinária

60ml de água

12g de gelatina em pó sem sabor

2 claras em neve

Misture o iogurte com o coulis de goiaba, o adoçante e a gelatina dissolvida na água quente.
Em seguida, é só colocar as claras em neve aos poucos.

Coulis de goiaba

290g de goiabada macia picada (não utilize a cascão)

250ml de água

240g da polpa da goiaba com o caroço

10g de adoçante para culinária

5ml de vinagre branco

5 cravos

Cozinhe por cerca de 8 minutos todos os ingredientes, menos a goiabada. Peneire o caldo que se formou, acrescente os pedaços de goiabada e leve novamente ao fogo por 8 minutos (depende sempre da potência do seu fogão, mas calcule aproximadamente). Deixe esfriar e leve ao liquidificador, utilizando 2 vezes a função pulsar.

VALOR NUTRICIONAL POR PORÇÃO

VET TOTAL	Total
Ptn (g)	3,3
Cho (g)	4,6
Lip (g)	0,3
Kcal	34,1

GORDURAS E FIBRAS	
Colesterol (mg)	1,0
Gordura saturada (g)	0,1
Gordura poli-insaturada (g)	0,0
Gordura monoinsaturada (g)	0,0
Fibras (g)	0,1
Sódio (mg)	35,32

MUSSE DE MARACUJÁ [rendimento: 5 porções individuais de 60g]

80g de iogurte natural desnatado

8g de adoçante para culinária

100ml de suco concentrado de maracujá

2 claras em neve

12g de gelatina sem sabor

Dissolva a gelatina em um pouco de água quente.
Junte tudo no liquidificador e bata bem rápido.
Bata as claras em neve e adicione à mistura aos poucos, mexendo com carinho.
Depois leve para a geladeira.

VET TOTAL	Total
Ptn (g)	3,3
Cho (g)	4,6
Lip (g)	0,3
Kcal	34,1
GORDURAS E FIBRAS	
Colesterol (mg)	1,0
Gordura saturada (g)	0,1
Gordura poli-insaturada (g)	0,0
Gordura monoinsaturada (g)	0,0
Fibras (g)	0,1
Sódio (mg)	35,32

MUSSE DE PÊSSEGO [rendimento: 460g — porção individual: 60g]

185g de iogurte desnatado

150g de pêssego em calda diet

3g de adoçante para culinária

12g de gelatina incolor em pó

2 claras em neve

Dissolva a gelatina em um pouco de água quente.
Junte tudo no liquidificador e bata bem rápido.
Coloque as claras em neve aos poucos e misture com carinho.
Depois leve para a geladeira.

VET TOTAL	Total
Ptn (g)	3,4
Cho (g)	3,1
Lip (g)	0,3
Kcal	29,3
GORDURAS E FIBRAS	
Colesterol (mg)	1,5
Gordura saturada (g)	0,2
Gordura poli-insaturada (g)	0,01
Gordura monoinsaturada (g)	0,08
Fibras (g)	0,0
Sódio (mg)	29,8

PAVÊ BICOLOR [rendimento: 1 porção de 330g]

6g de biscoito diet e integral

32g de creme para pavê

8g de coulis de morango

8g de coulis de damasco

Creme para pavê

300ml de leite desnatado

12g de adoçante para culinária

30ml de baunilha

30g de maisena

Coloque tudo numa panela e mexa até começar a engrossar.
Retire do fogo e mexa por mais 2 minutos.
Deixe esfriar para montar o pavê.

Coulis de morango [rendimento: 560g]

330g de morangos já lavados (cerca de 25 unidades)

100ml de água

12g de adoçante para culinária

2ml de vinagre

Leve todos os ingredientes ao fogo por 10 minutos. Essa fervura provoca a produção de um caldo bem líquido. Bata metade desse caldo e verifique se será preciso adicionar o restante para evitar que fique muito ralo. Senão, guarde essa quantidade restante para outra ocasião.

Coulis de damasco [rendimento: 310g]

150g de damasco picado (3 unidades)

300ml de água

8g de adoçante para culinária

4 gotas de vinagre ou suco de limão

Cozinhe tudo por 8 minutos e depois bata no liquidificador.

Montagem: Disponha o biscoito picado num recipiente com o creme por cima. Depois, cubra com o coulis de damasco e o de morango e leve para a geladeira.

VET TOTAL	Total
Ptn (g)	1,45
Cho (g)	11,5
Lip (g)	1,62
Kcal	62,94

GORDURAS E FIBRAS	
Colesterol (mg)	0,0
Gordura saturada (g)	0,32
Gordura poli-insaturada (g)	0,33
Gordura monoinsaturada (g)	0,36
Fibras (g)	0,44
Sódio (mg)	16,2

PAVÊ DE MORANGO [rendimento: 1 porção de 330g]

6g de biscoito diet e integral

32g de creme para pavê

10g de coulis de morango

Creme para pavê

300ml de leite desnatado

12g de adoçante para culinária

30ml de baunilha

30g de maisena

Coloque tudo numa panela e mexa tudo até começar a engrossar. Retire do fogo e mexa por mais 2 minutos. Deixe esfriar para montar o pavê.

Coulis de morango [rendimento: 560g]

330g de morangos já lavados (cerca de 25 unidades)

100ml de água

12g de adoçante para culinária

2ml de vinagre

Leve ao fogo por 10 minutos e depois bata no liquidificador com a metade do caldo. Se precisar, use o restante para não ficar ralo.

Montagem: Coloque o biscoito picado no potinho com o creme por cima. Depois, cubra com o coulis de morango e leve para a geladeira.

VALOR NUTRICIONAL POR PORÇÃO DE 50G

VET TOTAL	Total
Ptn (g)	0,61
Cho (g)	7,79
Lip (g)	1,02
Kcal	41,46

GORDURAS E FIBRAS	
Colesterol (mg)	0,0
Gordura saturada (g)	0,32
Gordura poli-insaturada (g)	0,33
Gordura monoinsaturada (g)	0,36
Fibras (g)	0,35
Sódio (mg)	15,51

PAVÊ DE PÊSSEGO [rendimento: 1 porção de 330g]

20g de pêssego em calda diet

6g de biscoito diet integral

32g de creme para pavê

10g de coulis de pêssego

Creme para pavê

300ml de leite desnatado

12g de adoçante para culinária

30ml de baunilha

30g de maisena

Coloque tudo numa panela e mexa até começar a engrossar. Retire do fogo e mexa por mais 2 minutos. Deixe esfriar para montar o pavê.

Coulis de pêssego [rendimento: 400g]

300g de pêssego em calda diet sem a calda

250ml de água

12g de adoçante para culinária

5ml de vinagre branco

Leve ao fogo todos os ingredientes por 8 minutos. Deixe esfriar e bata rapidamente (função pulsar) 4 vezes no liquidificador.

Montagem: Coloque o biscoito picado no potinho com o creme por cima. Depois, cubra com pedacinhos do pêssego e com o coulis de pêssego. Leve para a geladeira.

VALOR NUTRICIONAL POR PORÇÃO DE 50G

VET TOTAL	Total
Ptn (g)	1,54
Cho (g)	13,20
Lip (g)	1,31
Kcal	69,40
GORDURAS E FIBRAS	
Colesterol (mg)	0,0
Gordura saturada (g)	0,32
Gordura poli-insaturada (g)	0,32
Gordura monoinsaturada (g)	0,36
Fibras (g)	0,3
Sódio (mg)	15,7

PERA COM CALDA DE CHOCOLATE [rendimento: 1 porção]

96g de pera descascada e sem sementes

15ml de calda de chocolate

2g de adoçante para culinária

Canela em pau

3 cravos

Cozinhe a pera com água, adoçante, canela em pau e cravos.
Depois retire da água e coloque no prato, despejando a calda por cima.

Calda de chocolate

250ml de leite desnatado

40g de chocolate em pó

7g de adoçante para culinária

10g de maisena

Junte todos os ingredientes e mexa até engrossar. Deixe com a consistência de creme, isto é, sem endurecer.

Dica: A receita da musse de chocolate é basicamente a mesma, essa aqui só é mais ralinha.

VET TOTAL	Total
Ptn (g)	1,25
Cho (g)	16,89
Lip (g)	0,7
Kcal	79,3
GORDURAS E FIBRAS	
Colesterol (mg)	0,6
Gordura saturada (g)	0,1
Gordura poli-insaturada (g)	0,0
Gordura monoinsaturada (g)	0,0
Fibras (g)	0,0
Sódio (mg)	8,48

SORBET DE MAMÃO [rendimento: 8 porções de 63g]

1 ½ xícara de chá de água

1 colher (sopa) de adoçante em pó

60g de mamão papaia (½ unidade)

2 claras em neve

Ferva a água com o adoçante por 15 minutos.

Deixe esfriar e junte o mamão papaia batido no liquidificador com um pouco de água.

Acrescente delicadamente as claras em neve, despeje em forma de alumínio e leve ao congelador por 1 hora.

Bata na batedeira até obter um creme. Retorne ao congelador até ficar firme.

VALOR NUTRICIONAL E
CALÓRICO POR PORÇÃO

calorias	14kcal
carboidratos	2,45g
proteínas	1,09g
lipídios	0,02g

TORTA DE RICOTA COM DAMASCO

[rendimento: 252g – porção individual: 74g]

200g de ricota

2g de adoçante para culinária

50g de geleia de damasco diet

Cobertura [1 porção]

6g de geleia de damasco

Misture tudo e leve ao forno até dourar a superfície (deve levar uns 20 minutos, mas fique atento). Depois é só passar a cobertura de geleia por cima da torta e está pronta.

VET TOTAL	Total
Ptn (g)	6,8
Cho (g)	2,9
Lip (g)	7,6
Kcal	107,96
GORDURAS E FIBRAS	
Colesterol (mg)	29,7
Gordura saturada (g)	4,9
Gordura poli-insaturada (g)	0,2
Gordura monoinsaturada (g)	2,1
Fibras (g)	0,0
Sódio (mg)	54,7

Sucos

DESJEJUM COMPLETO [rendimento: 4 porções]

300g de morango

150ml de iogurte natural desnatado

2g de adoçante em pó

4 unidades de nozes

30g de farelo de aveia

20g de leite em pó desnatado

Bata no liquidificador todos os ingredientes e acrescente cubos de gelo.

Calorias: 117,63kcal

ESPUMONE HAVAÍ [rendimento: 10 porções [taças] de 60g]

80g de abacaxi picado (1 fatia grossa)

1 fatia de mamão picado

½ xícara (chá) de pêssegos picados sem
   a pele

½ xícara (chá) de morangos picados

3 ovos

Adoçante para culinária

1 pitada de sal

Descasque e corte as frutas em pequenos pedaços.

Bata no liquidificador e reserve.

Bata as gemas com o adoçante até obter um creme claro.

Acrescente o creme das frutas e leve ao fogo brando, mexendo sempre,
sem ferver.

Bata as claras em neve, acrescente uma pitada de sal e misture-as
delicadamente ao creme.

Coloque em taças e leve para gelar. Decore com frutas a gosto.

VALOR NUTRICIONAL E CALÓRICO POR PORÇÃO	
calorias	39kcal
carboidratos	4,6g
proteínas	2g
lipídios	1,7g

SHAKE REJUVENESCEDOR [rendimento: 1 copo [300ml]]

150ml de suco de uva integral

150ml de leite de soja

10g de farelo de aveia

10g de linhaça

Bata no liquidificador todos os ingredientes acrescentando cubos de gelo.

Calorias: 228,93kcal

SUCHÁ DE MARACUJÁ, CAMOMILA E ERVA-CIDREIRA [rendimento: 1 copo [300ml]]

1 xícara (chá) de água
1 colher (chá) de camomila seca
1 colher (chá) de erva-cidreira seca
1 maracujá (só a polpa)
1 colher (chá) de mel
1 cubo de gelo

Prepare o chá: coloque a água no fogo e, assim que ferver, desligue e junte a camomila e a erva-cidreira.
Tampe a panela. Deixe em infusão por 5 minutos e coe.
Bata com os outros ingredientes e coe novamente.

Calorias: 59kcal

SUCO ANTICELULITE [rendimento: 1 copo [300ml]]

300ml de água de coco (1 copo médio)

1 colher de sopa de salsinha

50g de abacaxi (1 fatia fina)

1 fatia fina de melão

1 colher de sobremesa cheia de semente de linhaça triturada

1 colher de sopa de soja integral em pó

Bata no liquidificador todos os ingredientes acrescentando cubos de gelo.

Calorias: 186,12kcal

SUCO ANTI-HIPERTENSIVO [rendimento: 1 copo [250ml]]

200ml de água de coco

5g de couve

10ml de suco de limão

5g de salsinha

5g de hortelã

70g de melão

Bata no liquidificador todos os ingredientes acrescentando cubos de gelo.

Calorias: 78,49kcal

SUCO ANTIOXIDANTE [rendimento: 1 copo [250ml]]

100ml de água de coco
100ml de suco de laranja puro
30g de manga
10g de semente de linhaça triturada

Bata no liquidificador todos os ingredientes acrescentando cubos de gelo.

Calorias: 164,07kcal

SUCO DE ABACAXI E KIWI COM HORTELÃ

[rendimento: 3 copos [250ml]]

240g de abacaxi (3 fatias grossas)

140g de kiwis (2 unidades)

Hortelã a gosto

2 copos de água

Cubos de gelo

Adoçante a gosto

Pique grosseiramente as fatias de abacaxi e de kiwi e bata no liquidificador.
Acrescente a hortelã, o gelo e a água.
Bata bem para incorporar os ingredientes.
Se preferir um suco sem fibras, passe pela peneira e sirva decorando com ramos de hortelã.

VALOR NUTRICIONAL E CALÓRICO POR PORÇÃO

calorias	100kcal
carboidratos	23,98g
proteínas	1,23g
lipídios	0,83g

SUCO DE MAMÃO E ÁGUA DE COCO [rendimento: 1 copo [250ml]]

200ml de água de coco

2½ mamões papaias (280g de mamão)

20g de farelo de aveia ou quinoa

Bata no liquidificador todos os ingredientes acrescentando cubos de gelo.

Calorias: 221,67kcal

SUCO DE MANGA COM LIMÃO [rendimento: 2 copos [250ml]]

1 manga

2 copos de água

2 colheres (sopa) de suco de limão

Gelo e adoçante a gosto

2 folhinhas de hortelã

calorias	79kcal
carboidratos	19,81g
proteínas	0,70g
lipídios	0,32g

Coloque todos os ingredientes num liquidificador e bata até obter um líquido homogêneo.

SUCO DE MELANCIA [rendimento: 250ml [1 copo]]

1 xícara de chá de melancia
150ml de água

Corte a melancia em cubinhos e retire os caroços. Depois é só bater com a água.

Dica: Não é preciso adoçar, a melancia já é bem doce.

Calorias: 50kcal

SUCO VITALIZANTE [rendimento: 1 copo [250ml]]

150ml de água

15g de tomate sem pele e sem semente

30g de cenoura

100g de mamão papaia (1 unidade pequena)

20ml de limão

2g de adoçante

Bata no liquidificador todos os ingredientes acrescentando cubos de gelo.

Calorias: 74,03kcal

CARDÁPIO LIGHT E SOBREMESAS DIET E LIGHT

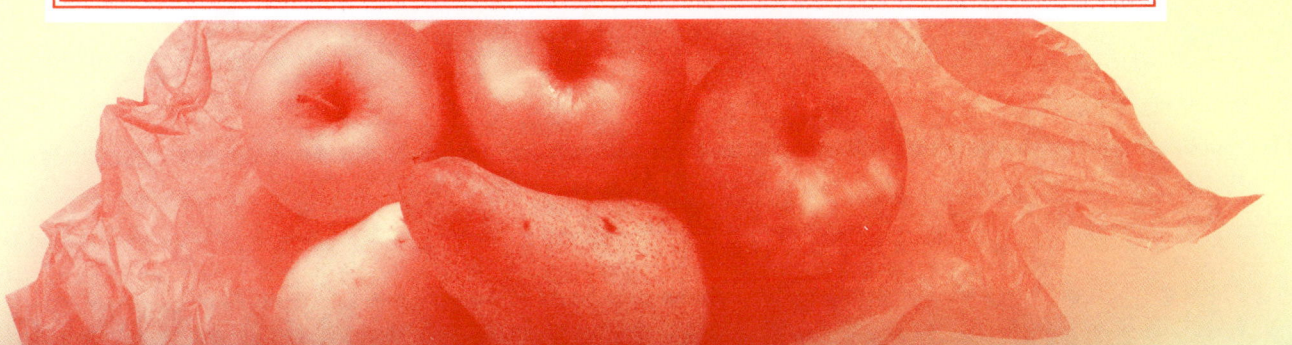

PRIMEIRO ALMOÇO OU JANTAR LIGHT [serve 4 pessoas]

Entrada: Salada de brotos com cenoura, pepino japonês e nirá ao molho de iogurte com hortelã, abacaxi, tabasco e cardamomo

Salada

1 xícara de broto de feijão	2 xícaras de pepino japonês com casca e
1 xícara de alfafa	cortado em rodelas finas
1 xícara de broto de lentilha	1 xícara de nirá
2 xícaras de cenoura ralada	Molho de soja

Corte o nirá em pedaços de 3cm e cozinhe com um pouco de água e molho de soja por 5 minutos. Separe do caldo e misture o restante com a salada.

Molho

2 potes de iogurte	3 sementes de cardamomo
1 xícara de abacaxi em cubinhos	5 gotas de molho tabasco
1 xícara de hortelã picadinha	Sal a gosto

Misture todos os ingredientes e está pronto.

Dica: Veja na p. 157 como preparar um molho de soja light e saudável.

Prato principal: Camarão ao curry diluído no suco de maracujá, acompanhado de arroz selvagem, coco ralado, banana passa, pistache, hortelã e pupunha

Camarão

1kg de camarões médios limpos

1 cenoura ralada bem fina

300ml de suco de maracujá

1 colher de sopa de curry

1 vidro pequeno de leite de coco light

Sal e pimenta

Óleo para untar

Adoçante

Tempere os camarões com sal e pimenta e deixe descansar por 10 minutos. Doure-os com um pouco de óleo, o suficiente para untar a panela, e 1 cenoura raladinha por 3 minutos.

Agora junte o suco de maracujá com poucas gotas de adoçante e 1 colher de sopa de curry. Mexa por 3 minutos e adicione o leite de coco light. Mexa mais 2 minutos e estará pronto.

Arroz selvagem

1 porção de arroz para 4 pessoas

3 xícaras de pupunha cortada em
   rodelinhas

Azeite para untar

Vinho branco

Sal e pimenta

Hortelã, coco ralado, banana passa e
   pistache para decorar

Faça um caldo com cascas do camarão ou com caldo de legumes para cozinhar o arroz selvagem.

Cozinhe o arroz por 25 minutos e prove. Separe.

Agora grelhe a pupunha na frigideira pincelada com azeite, doure e dê um chorinho de vinho branco para não queimar. Tempere com sal e pimenta, deixe descansar por uns 4 minutos de cada lado, prove e junte ao arroz. Decore com um pouquinho de hortelã, coco ralado, banana passa e pistache por cima.

Sobremesa: Compota de frutas — pera, maçã, abacaxi, cravo, canela, gengibre e anis com adoçante e raspas da casca da laranja

**2 xícaras de cada fruta cortada em
  cubinhos**
Adoçante
3 cravos

3 pauzinhos de canela
1 anis em flor
Casca de laranja

Cubra as frutas com água e adoçante de acordo com a preferência e acrescente os cravos, a canela, o anis em flor e as raspas da casca da laranja, deixando cozinhar por 12 minutos. Prove e veja se está do seu gosto.
Sirva com sorvete diet ou iogurte.

SEGUNDO ALMOÇO OU JANTAR LIGHT [serve 4 pessoas]

Entrada: Sopa de missô com tofu grelhado em cubinhos e cebolinha

1 litro de água

3 a 4 colheres de missô

Tofu

Molho de soja

Suco de gengibre

Óleo para dourar

Um punhado de cebolinha verde picada
   em rodelinhas

Ferva a água com o missô. Agora pique o tofu em cubinhos e marine-os com molho de soja e suco de gengibre por 10 segundos. Seque os cubinhos com papel e doure-os com um pouco de óleo.
Jogue por cima da sopa o caule e a cebolinha verde.

Prato principal: Tirinhas de carne da Malásia, marinadas com molho de soja light, oyster sauce, alho, gengibre, óleo de gergelim e uma pitadinha de curry, acompanhado de cenoura, milho e arroz branco

600g de filé-mignon

Molho de soja

4 colheres de sopa de soja light

1 colher de chá de curry

1 dente de alho socadinho

1 colher de sopa de oyster sauce

1 colher de chá de óleo de gergelim

Dica: Veja na p. 157 como preparar um molho de soja light e saudável.

Marine o filé-mignon com o molho de soja, o curry, o **alho**, o oyster sauce e o óleo de gergelim. Misture tudo e deixe descansar por 10 minutos.

Depois é só grelhar com o mínimo de óleo na frigideira; **se** precisar, regue com um chorinho de água e molho de soja para não grudar.

É rapidinho, de 6 a 8 minutos está pronto.

Sirva com nuvem de cenoura e milho, um pouco de **arroz branco** e cheiro verde picadinho.

Nuvem de cenoura e milho

2 cenouras pré-cozidas picadas

1 lata de milho verde

50ml da água que cozinhou a cenoura

3 claras em neve

Ervas de sua **preferência**

Sal

Bata no liquidificador as cenouras e o milho com a **água** que cozinhou a cenoura. Depois, misture aos poucos as ervas a gosto, o sal e as claras em neve, coloque em pirex **individual** e leve ao forno quente por 12 a 15 minutos.

Sobremesa: Pavê de morango diet

2 xícaras de leite

2 colheres de sopa de maisena

1 colher de sopa de baunilha

1 gema

2 xícaras com morangos

50ml de vinho tinto ou água

Adoçante

Bolo diet de sua **preferência**

Folhas de hortelã **para decorar**

Faça um creme de baunilha com o leite, a maisena, a baunilha e o adoçante a gosto mexendo até engrossar. Retire do fogo e junte a gema e volte a mexer sem parar no fogo por cerca de 2 minutos.

Separe e deixe esfriar.

Pegue os morangos e leve ao fogo com o vinho tinto (ou a água) e o adoçante. Cozinhe por 5 minutos e, em seguida, deixe esfriar. Pique uns pedaços do bolo diet de seu gosto para montar o pavê.

Pegue um pirex e coloque, em camadas, o bolo, depois o morango, o creme, cobrindo com morangos frescos e folhas de hortelã na hora de servir.

Mas, antes, leve o pavê para gelar por pelo menos duas horas.

TERCEIRO ALMOÇO OU JANTAR LIGHT [serve 4 pessoas]

Entrada: Suflê de salmão defumado com minissalada verde

200g de salmão defumado

Molho bechamel

4 claras em neve (3 se forem grandes)

Rúcula

Alface americana

Pimentões vermelho e amarelo

Azeite

Azeite balsâmico

Sal

Pegue o salmão, amasse com um garfo e misture ao molho bechamel. Em seguida, acrescente as claras em neve e coloque em forminhas. Leve ao forno até dourar (cerca de 15 minutos). Sirva com uma salada verde de rúcula e alface americana, pimentões vermelho e amarelo assados com um pouco de azeite. Na hora de servir, regue com azeite balsâmico e sal.

Molho bechamel

300ml de leite

½ cebola ralada

2 colheres de sopa de maisena

Sal e pimenta

Noz moscada

Aneto

Misture todos os ingredientes e mexa até engrossar. Reserve até esfriar.

Prato principal: Risoto de arroz sete cereais com frango dourado em cubinhos, alho-poró, cogumelos, figos e manga grelhados para enfeitar

Arroz integral, sete cereais ou branco, como preferir	Óleo
	2 xícaras de alho-poró
Alho	2 xícaras de cogumelos
Cebola picadinha	Água
Casca de limão	Vinho
Sal	Alecrim
3 xícaras de frango em cubinhos	Azeite balsâmico
Molho de soja	Figo e manga para decorar

Cozinhe o arroz com água, alho, cebola picadinha e uma casca de limão e sal, sem óleo, até ficar no ponto. Prove de vez em quando e veja se precisa de mais água ou sal.

Em seguida, tempere o frango com molho de soja light por 10 minutos.

Depois, pincele a frigideira com óleo, grelhe o frango e separe quando estiver no ponto.

Refogue o alho-poró e os cogumelos com um pouco de água, vinho, molho de soja light e alecrim. Mexa por 7 minutos e depois junte tudo ao risoto.

Sirva com figos e mangas grelhados com um pouco de azeite balsâmico.

Dica: Veja na p. 157 como preparar um molho de soja light e saudável.

Sobremesa: Musse de banana

6 bananas d'água bem maduras

250ml de leite de coco light

200ml de creme de leite light ou iogurte
desnatado

Suco de 1 limão

2 colheres de sopa de **adoçante**

2 colheres de sopa de **gelatina sem** sabor,
diluídas com água

Coloque todos os ingredientes, menos a gelatina, aos poucos **no** liquidificador. Acrescente a gelatina com o liquidificador ligado. Faça isso aos poucos, para ela diluir **melhor** com a mistura.
Depois, é só deixar gelar por algumas horas.

Dicas

PREPARO DE ARROZ INTEGRAL E LENTILHA

Sempre cozinhe o arroz com o dobro da água ou do caldo de legumes. Quando começar a secar, prove e veja se precisa ficar mais um pouco. Prove novamente e veja se está do jeito que você gosta (Tempo médio: 18 a 20minutos).

A lentilha cozinha mais rápido que o arroz (cerca de 10 minutos). Fique de olho!

Para cada xícara de arroz, use 2 de água ou caldo.

Prove de vez em quando para ver se está bom (al dente, cozido).

UM BOM CALDO PARA UMA BOA COMIDA

Legumes

1 cenoura grande picada em 6 pedaços

1 cebola grande picada em 4 e com 5
   dentes de alho enfiados nela

2 dentes de alho

2 alhos-porós picados sem as folhas

1 pedaço de aipo (opcional)

1 tomate picado

6 folhas de louro

2 ramos de alecrim, de tomilho, de salsinha e de manjericão ou de hortelã

1 litro de água

Sal

Pitada de pimenta em grãos socados

Deixe tudo cozinhar por 20 minutos. Depois é só coar e está pronto.

Carne

Doure bem uns pedaços de músculo a gosto com cerca de 100ml de água. Depois siga a receita do caldo de legumes, mas deixe cozinhar por mais ou menos 40 minutos.

Frango

Pegue uns pedaços de frango com osso e doure bem. Depois, siga a receita do caldo de legumes, mas cozinhe por cerca de 30 minutos.

Camarão

Asse as cascas do camarão por 20 minutos e depois acrescente o caldo de legumes. Cozinhe por cerca de 25 minutos.

Peixe

Se você tiver a cabeça do peixe, acrescente-a ao caldo de legumes e deixe tudo cozinhar por 25 minutos.

Observação:

Quando você não tiver todos os legumes em casa, use água, casca de limão, laranja ou tangerina, cebola, louro, alguma erva que você tenha disponível, sal, e um chorinho de vinho branco (opcional).

Uma boa cozinha sempre dispõe de ervas frescas.

Na minha casa, cozinho arroz, batatas e tudo o mais num bom caldo. Assim não preciso usar gordura, pois o próprio caldo dá o sabor.

O QUE É SELAR?

Selar é grelhar numa frigideira antiaderente ou chapa, com um pouco de água (um chorinho só!). Doure as carnes ou os legumes de um lado e de outro com uma pitadinha de sal e pimenta em pó (opcional).

Observação:
Os legumes também ficam gostosos assados no forno. Mas fique de olho, assim que estiverem macios e doura-dinhos estarão prontos.

DESSALGAR BACALHAU OU CARNE-SECA

Bacalhau

Coloque o bacalhau de molho na água por 12 horas, trocando a água 3 vezes. Depois, deixe cozinhar por 20 minutos e prove. Se ainda estiver salgado, troque novamente a água, deixando ferver uma outra vez.

Carne-seca

Coloque a carne-seca de molho na água por 12 horas, trocando a água 3 vezes. Depois, deixe cozinhar por 45 minutos e prove. Se ainda estiver salgada, troque novamente a água, deixando ferver uma outra vez até a carne ficar bem macia para que se possa desfiá-la com facilidade.

Retire toda a gordurinha branca da carne, desfiando como fios de cabelo.

TENHA SEMPRE UM COPO MEDIDOR E UMA BALANÇA DIGITAL

As quantidades presentes aqui podem parecer muito específicas, e são mesmo. Mas faço assim porque é muito importante ter rigor quando se faz dieta. Por isso, tenha sempre na sua cozinha um copo medidor e uma balança digital.

Dessa forma, as porções seguem a medida certa para balancear sabor, leveza e variedade.

COMO É MEU MOLHO DE SOJA

Em muitos momentos, sugiro a utilização do molho de soja. Não estou sugerindo o molho tradicional, que é vendido em garrafinhas nos mercados e é supercalórico e cheio de sal! O meu leva molho de soja light, rúcula, salsinha, orégano e água. E, por favor, não coloque muito; mesmo sendo mais leve, é sempre bom não exagerar.

CROUTONS [rendimento: 3 porções de 10g]

1 fatia de pão integral light
1 dente de alho

Passe o dente de alho em um tabuleiro até soltar bem o cheiro.

Coloque o pão integral cortado em quadradinhos e asse no forno.

Com essa quantidade, podemos fazer 3 porções de 10g e cada porção terá 21,16kcal e 3,99 de carboidratos.

Coordenação editorial
Izabel Aleixo

Produção editorial
Mariana Elia

Revisão
Eni Valentim Torres

Projeto gráfico e diagramação
Filigrana

Este livro foi impresso em
setembro de 2011, pela RR Donnelley, para
a Editora Paz e Terra. A fonte
usada no miolo é MrsEaves 12/14,4.
O papel do miolo é offset 90g/m2,
e o da capa é cartão 250g/m2.